Mémoires Inédits De Henri De Mesmes, Seignevr De Roissy Et De Malassise ...: Suivis De Ses Pensées Inédites, Écrites Povr Henri Iii... - Primary Source Edition

Henri de Mesmes

[1531 —

↑

see p. 132

LES LIVRES SONT NOS MEILLEURS AMIS

FROM THE LIBRARY OF
HUGO PAUL THIEME
PROFESSOR OF FRENCH
1914 — 1940
HIS GIFT TO
THE UNIVERSITY OF MICHIGAN

MÉMOIRES INÉDITS

DE

HENRI DE MESMES

SEIGNEUR DE ROISSY ET DE MALASSISE

HOMME D'ÉTAT DE SEIZE, DIPLOMATE, CONSEILLER AU PARLEMENT
DE PARIS, MAÎTRE DES REQUÊTES AU CONSEIL D'ÉTAT
CHANCELIER DU ROI DE NAVARRE
ET DE LA REINE LOUISE DE LORRAINE, ETC., ETC.

SUIVIS DE SES

PENSÉES INÉDITES

ÉCRITES POUR HENRI III

PUBLIÉS D'APRÈS LES MANUSCRITS DE LA BIBLIOTHÈQUE NATIONALE

ET PRÉCÉDÉS DE

LA VIE PUBLIQUE ET PRIVÉE DE HENRI DE MESMES

AVEC NOTES ET VARIANTES

PAR

ÉDOUARD FRÉMY

ANCIEN SECRÉTAIRE D'AMBASSADE

CHEZ ERNEST LEROUX,

RUE BONAPARTE, 28

LA VIE

PVBLIQVE ET PRIVÉE

DE

HENRI DE MESMES

SEIGNEVR DE ROISSY ET DE MALASSISE

CET OUVRAGE A ÉTÉ TIRÉ A 550 EXEMPLAIRES :

450 sur papier fort ;
100 sur papier teinté à l'antique.

———

Tous droits réservés

———

MÉMOIRES INÉDITS

DE

HENRI DE MESMES

SEIGNEVR DE ROISSY ET DE MALASSISE

PODESTAT DE SIENNE, DIPLOMATE, CONSEILLER AV PARLEMENT
DE PARIS, MAÎTRE DES REQVÊTES AV CONSEIL D'ÉTAT
CHANCELIER DV ROI DE NAVARRE
ET   LA REINE LOVISE DE LORRAINE, ETC., ETC.

SVIVIS DE SES

PENSÉES INÉDITES

ÉCRITES POVR HENRI III

PVBLIÉS D'APRÈS LES MANVSCRITS DE LA BIBLIOTHÈQVE NATIONALE

ET PRÉCÉDÉS DE

LA VIE PVBLIQVE ET PRIVÉE DE HENRI DE MESMES

AVEC NOTES ET VARIANTES

PAR

EDOVARD FREMY

PREMIER SECRÉTAIRE D'AMBASSAD

ON LES VEND À PARIS

CHEZ ERNEST LEROVX

RVE BONAPARTE, 28

VIE PVBLIQVE ET PRIVÉE

DE

HENRI DE MESMES

SEIGNEVR DE ROISSY ET DE MALASSISE

— 1532-1596 —

N de nos grands écrivains du siècle dernier a dit : « Le style c'est
l'homme [1] » ; on peut ajouter : l'homme,
c'est l'histoire. Pour pénétrer les causes
des faits dont l'enchaînement forme la
suite de nos annales, il importe, en effet,
de nous livrer à une étude approfondie
du caractère et des tendances des person-

[1] Buffon, *Discours de réception à l'Académie
française.*

nages qui ont pris part aux affaires publiques de leur temps. L'histoire n'est point une science exacte, soumise à des lois dont l'expérience vient démontrer l'invariable fixité; ses phases ne sont que la conséquence directe des passions humaines; c'est l'homme lui-même qu'il faut connaître pour apprécier les événements avec équité. Le rôle de juge qui nous est assigné dans ce procès solennel de l'histoire, entraîne, toutefois, de rigoureuses obligations : les preuves sont difficiles à établir, les prévenus sont absents, les avocats sont muets. Réunissons donc, avec un soin scrupuleux, tous les éléments qui peuvent concourir non seulement à former, mais encore à éclairer notre opinion. Nous devons, sinon l'indulgence, au moins l'impartialité à ces vieux lutteurs qui ont foulé avant nous le sol de la patrie. Ils ont vécu, pensé, agi et combattu suivant le temps qui les a vus naître, suivant le degré de lumières qui leur a été départi. Avant de prononcer l'arrêt qui absout ou qui condamne, l'examen approfondi du dossier de l'accusé s'impose au magistrat intègre. Pour juger une époque, consultons, comme lui, toutes les pièces de conviction, ne négligeons aucun témoignage, et n'oublions jamais que si nos sentences se rendent par défaut, elles ne sont cependant pas sans appel.

Mais où rencontrer la pensée de ceux même qui ont laissé de grands noms dans l'histoire ? Où saisir ce fil conducteur qui, en nous guidant au travers du dédale des événements, nous permettra de saisir le mobile de certains actes demeurés de véritables énigmes ?

Parmi les documents qui éclairent l'étude du passé, nous n'hésiterions point à placer au premier rang les autobiographies, si ceux dont elles émanent avaient voulu, avaient osé tout dire. Malheureusement, nous sommes souvent forcés d'expliquer leur silence, de compléter leurs lacunes et de lire entre les lignes tracées par des témoins oculaires trop voisins de la vérité pour la dépouiller de ses derniers voiles.

Dans le nombre assez restreint des Mémoires que nous possédons sur le seizième siècle, nous ne saurions consulter qu'avec une défiante réserve les œuvres évidemment inspirées par les passions politiques. Au lieu de nous venir en aide dans nos recherches, de tels auxiliaires ne serviraient, en effet, qu'à nous égarer. Le caractères impartiaux ont toujours été rares ; les écrits empreints de sagesse et de modération ne le sont pas moins. Henri de Mesmes, seigneur de Roissy et de Malassise, a laissé des *Mémoires* qui nous ont paru réunir, à ce point de vue, des qualités inestimables. L'auteur, détaché de toute pensée d'orgueil ou d'ambition, retrace avec simplicité les actes de sa carrière publique et de sa vie privée. La plus haute faveur n'a jamais altéré son jugement sain et sûr ; sa constance dans la disgrâce, sa rési-

gnation dans les épreuves témoignent
d'une élévation de sentiments qui donne
à sa parole une incontestable autorité.
C'est tout à la fois le journal d'un magistrat, d'un diplomate et d'un lettré qui
ne prit la plume, il y a trois siècles, que
pour léguer à son fils le fruit de son expérience. Dans cet ouvrage, la forme
n'est pas moins digne de remarque que
le fond. A une époque où la diffusion et
la prolixité peuvent être justement repro-
chées aux écrivains les plus célèbres, le
style de M. de Mesmes offre autant d'énergie que de concision. On y reconnaît l'esprit fin et solide de l'homme dont l'éloquence, d'après Scévole de Sainte-Marthe, surpassait celle de tous les orateurs
de son temps, et que Le Laboureur a
qualifié de « *très-grand, habile et subtil
personnage d'Estat.* »

La première pensée de Henri de Mesmes, en commençant l'histoire de sa vie,
est l'expression d'un regret auquel nous
ne pouvons que nous associer. Pourquoi

chacun n'écrit-il plus ses Mémoires? Pourquoi la coutume touchante et salutaire des *Livres de famille* est-elle tombée en désuétude, à Paris, dès le seizième siècle? La voix de ces morts vénérés qui prodiguaient à leurs descendants des conseils et des consolations, était un secours puissant pour ranimer les cœurs brisés, pour relever les courages abattus par les luttes de la vie. L'émulation suscitée par l'exemple des vertus et des hauts faits des aïeux, perpétuait les traditions d'honneur et de loyauté dans les familles: l'histoire trouvait, en outre, dans ces vieux titres régulièrement transmis d'une génération à l'autre, une source de précieux renseignements que rien ne saurait remplacer.

M. de Mesmes attribue le silence généralement observé par ses contemporains, à deux causes principales : l'ignorance de la noblesse qui méprisait alors trop souvent les lettres et l'indifférence de la bourgeoisie qui croyait inutile de conserver à la postérité le souvenir d'existences modestes et paisibles dont aucune action d'éclat n'avait illustré le cours. « Un temps fut, dit-il, où les homes de valeur escrivoient volontiers leur vie, ou de ceux qu'ils avoient aimez. *C'estoit, au moins, quelques remarques des belles actions et, après eux, enseignemens pour bien faire. Maintenant, ce n'est plus la mode ; en France, ceux qui ont les armes n'usent guère de plumes qu'à leurs chapeaux*, et ceux de robe longue n'ont pas moien de se recommander par faits mémorables. Que sçauroit faire de grand un home seul, ne commandant qu'à peine en sa famille, sens mains, synon pour oster son bonet, sens langue, si ce n'est pour flatter, et, en fin de conte, dont on peut dire, pour tout éloge funèbre : « *C'est dommage ; c'estoit un bon serviteur !* » Certes, mieulx vaudroit avoir esté bon maistre de soy-mesme. Je n'ay donc pas l'intention de croniquer mes gestes (ny ma profession ne les a produits dignes de grande histoire) ; *seulement ai-je remis par ordre ces petits Mémoires, afin qu'en ramentevant le passé, je me représente parfois les grâces que Dieu m'a faictes et ressente plaisir des maux dont il m'a préservé ; puis, après moy, que vous, mon fils, par la lecture de ma vie, vous aiés un exemple domestique pour craindre Dieu, suyvre la vertu et mespriser la fortune. »*

Après avoir ainsi tracé le but qu'il se propose d'atteindre, M. de Mesmes croit devoir entrer, au sujet de sa famille, dans quelques détails qui ne sont pas sans intérêt. « Un ancien chevalier Escossois de Berwich[1], dit-il, nommé *de Mammes*, dès l'an 1200, vint prendre terre en Guyenne, espousa en Marsan une damoyselle du païs, et y planta[2] nostre race. J'en ai veu les titres, et sont encore les armes en la chapelle de mes ancestres,

[1] Berwick.
[2] Implanta.

revendiquer les possessions usurpées par l'Espagne, invita Jean-Jacques de Mesmes à se rendre à Noyon afin d'y soutenir les droits de la maison de Navarre. M. de Mesmes déploya tant de talents dans l'accomplissement de cette mission, que François Ier résolut de l'attacher au service de la France et de lui confier la direction du parquet le plus important du royaume. « Le Roy, dit Henri de Mesmes, lassé de feu Ruzé, son advocat au Parlement de Paris, il manda mon père, lors fraischement venu à Paris, pour lui doner cet office; lequel, aussy rudement que sévèrement, luy contesta qu'il ne faisoit pas bien de despouiller son officier sans crime, et qu'il ne pourroit, luy vivant, aultrement vacquer.

— « Mais c'est mon advocat (dit le Roi); chacun prend celuy qui luy plaist ; serai-je de pire condition que les moindres ? »

— « C'est, dit Jean-Jacques de Mesmes, l'advocat du Roy et de la Corone, non subject à vos passions, mais à son debvoir.

J'aimeroys mieulx *grater la terre aux dents que d'accepter l'office d'un homme vivant !* »

« Le Roy excusa cette liberté de parler et la loua, et changea de calcul. De sorte que, trois jours après, l'advocat Ruzé se vint mettre à genoux devant mon père en son estude, l'appelant son père et son sauveur après Dieu. »

— « Je n'ay, dit-il, rien faict pour vous ; ne m'en remerciez point, car j'ay servy à ma conscience et non à vostre satisfaction. »

— « Certes, c'estoient bonnes gens du temps passé. Ne l'un ne l'autre ne fit à la mode de ce temps et chacun d'eux fit naïfvement, en home de bien. *Pleust à Dieu que ce bon exemple eust esté gardé depuys à tous !* »

Loin de déplaire au Roi, ce refus lui inspira beaucoup d'estime pour M. de Mesmes qui fut successivement nommé Lieutenant civil au Châtelet et Maître des requêtes au Conseil d'Etat. En 1530,

Jean-Jacques avait épousé Nicole Hennequin, fille du doyen des Conseillers au Parlement. Le duc d'Orléans (depuis Henri II)
voulut être parrain de leur fils aîné
dont les Mémoires font l'objet de ce travail.

« Je nacquis à Paris, écrit Henri de
Mesmes, le mardi, trentième jour de janvier 1532, à trois heures du matin, qui
estoit le commencement de l'année 1532,
au compte romain que nous tenons à
présent... Mes premiers ans passèrent
sous la garde de ma mère, l'une des
meilleures femmes et des meilleures mères de son temps. Puys mon père me
donna pour précepteur J. Maludan, Limosin, disciple de Dorat, home sçavant,
choisy pour sa vie innocente, et d'aage
convenable à conduire ma jeunesse, jusques à temps que je me sceusse gouverner
moy-mesme, comme il feist, car il avança
tellement ses estudes par veilles et travaulx incroyables, qu'il alla toujours aussy
avant devant moy, comme il estoit requis

2

pour m'enseigner, et ne sortit de sa charge que lorsque j'entray en office. Avec luy et mon puisné Jean-Jacques de Mesmes, je fus mis au Collége de Bourgoigne dès l'an 1542, en la troisiesme classe ; puis je fis un an, peu moins, de la première. Mon père disoit qu'en cette norriture de Collége, il avoit eu deux regards : l'un à la conservation de la jeunesse gaie et innocente, l'autre à la discipline scolastique, pour nous faire oublier les mignardises de la maison et come pour nous *desgorger* en eau courante. »

Le Collége de Bourgogne, où Henri de Mesmes venait d'entrer à l'âge de onze ans, avait été fondé par la Reine Jeanne, veuve de Philippe V le Long. Dans son testament, daté du 13 février 1329, cette princesse ordonnait de vendre l'hôtel de Nesle et d'en affecter le prix à l'établissement d'une école, où vingt boursiers bourguignons, séculiers ou réguliers, recevraient une éducation complète et gratuite. La Reine ajoutait à cette donation

une rente de 200 livres, qui serait préle-
vée sur les revenus du sceau de la prévôté
de Paris. Conformément aux intentions
de la fondatrice, l'évêque d'Autun, Pierre
Bertrand, le chanoine Thomas de Savoie
et le fameux théologien Nicolas de Lyra,
exécuteurs testamentaires de Jeanne de
Bourgogne, employèrent le produit de la
vente du séjour princier qu'elle avait désigné[1] à l'achat d'un immeuble situé rue
des Cordeliers, en face du « grand cou-
vent » des religieux de cet ordre, et y
installèrent le Collége, dont le pape
Jean XXII approuva les statuts en 1334.
Le Chancelier de l'Église de Paris et le
Père Gardien des Cordeliers furent dé-
clarés supérieurs perpétuels de cette maison, qui resta longtemps l'un des centres
les plus justement renommés de l'Université de Paris[2].

---

[1] L'hôtel de Nesle fut vendu à Jean, duc de
Berry.
[2] Voy. Du Boulay, *Hist. Univ. Paris.* t. V,
p. 217, 350, 906 ; le P. Dubreul (*Théâtre des*

De Mesmes ne demeura que dix-huit mois au Collége de Bourgogne, mais le résultat produit, chez cet enfant de treize ans, par l'austère et laborieux régime scolaire auquel les étudiants étaient alors soumis, surpassa toutes les espérances qu'on avait pu concevoir. « Je trouve, dit-il, que ces dix-huit mois de Collége me firent assez de bien. J'apris à répéter, disputer et haranguer en public, pris connaissance d'honnestes enfants, dont aulcuns vivent aujourd'huy, apris la vie frugale de la scolarité et à régler mes heures ; tellement que, sortant de là, je récitay en public quelques oraisons[1] latines et grecques de ma composition, présentay

---

Antiquitez de Paris, liv. II, p. 547,) qui se trompe en donnant pour époux à Jeanne de Bourgogne, Philippe VI de Valois au lieu de Philippe V le Long et en faisant mourir cette princesse en 1331 au lieu de 1329 ; Crevier, *Histoire de l'Université de Paris*, t. II, p. 278 ; t. III, p. 343 ; t. V, p. 243 ; Jaillot, *Recherches sur Paris*, quartier Saint-Benoît, p. 177 et suivantes, etc., etc.

[1] Discours.

plusieurs vers latins et deux mille vers grecs faits selon l'aage, *récitay Homère par cœur d'un bout à l'autre.* »

Les succès d'Henri de Mesmes lui ménagèrent l'accueil le plus flatteur auprès des savants dont son père aimait à s'entourer : « J'estois bien veu, dit-il, parmy les premiers homes du temps, et mon précepteur me menoit quelquefois chez Lazarus Baifius, Tussanus, Strazzellius, Castellanus et Danesius, avec honeur et progrès ès lettres. »

Lorsque de Mesmes eut atteint sa quatorzième année, son père résolut de l'envoyer ainsi que son frère à l'Université de Toulouse, afin qu'ils pussent s'y livrer aux études juridiques et prendre leurs grades en droit civil et en droit canon. Ils étaient accompagnés de leur oncle paternel, M. de Gude, « vieil gentilhomme tout blanc qui avoit longtemps voyagé par le monde », et d'un domestique bourguignon nommé Hugues Raymond, « qui depuys, dit Henri de Mesmes, m'a servy

tant qu'il a vescu et est mort de vieillesse avec moy, ne m'ayant jamais voulu
laisser, encore que je luy eusse doné
quelque bien. » Les règlements scolaires
alors imposés aux jeunes gens qui sui-
vaient les cours de l'Université de Toulouse étaient encore plus rudes que
ceux du Collége de Bourgogne. Laissons
le futur diplomate nous décrire lui-même
comment se formaient ces hommes
d'État du temps passé, dont les aptitu-
des si diverses sont aujourd'hui l'objet de
notre admiration.

« Nous fusmes, dit-il, trois ans auditeurs, en plus estroicte vie et pénibles
travaux que ceux de maintenant ne vou-
droient suporter. Nous estions debout à
quatre heures, et, ayant prié Dieu, alions
à cinq heures aux estudes, nos gros livres
soubs le bras, nos escritoires et nos chandeliers à la main. Nous oyions toutes les lectures jusques à dix heures sonées sans intermission ; puis venions disner, après
avoir, en haste, conféré demie heure ce

qu'avions escrit des lectures. Après disner
nous lisions, par formedejeu, Sophoclès ou
Aristophanès ou Euripidès et quelquefois
de Démosthénès, Cicero, Virgilius ou Horatius. A une heure aux estudes ; à cinq
au logis, à répéter et voir dans les livres
les *lieux allégués* [1] jusqu'à six. Puis nous
soupions, et lisions en grec ou en latin.
Les fêtes, à la grande messe et vespres. Au
reste du jour, un peu de musique et de
promenoir. Quelquefois nous alions disner chez nos amys paternels qui nous
invitoient plus souvent qu'on ne nous y
vouloit mener. Le reste du jour, aux livres ; et avions ordinaires avec nous Ha-
drianus Turnebus, Dionysius Lambinus,
Honoratus Castellanus, depuis médecin
du Roy, Simon Thomas, lors très-sçavant
médecin, aussy nous voyions souvent Petrus Brunellus et son Vidus Faber. Au
bout des deux et demy, nous leumes en

---

[1] Les endroits cités en classe par le professeur.

public demy an à l'eschole des Institutes,
puys nous eusmes nos heures pour lire
aux grandes escholes et leumes les autres
trois ans entiers, pendant lesquels nous
fréquentions aux festes les disputes publiques. Et je n'en laissois guère passer
sans quelque essay de mes débiles forces.
En fin de six ans, nous tînmes conclusions publiques par deux fois : la première estions une après-disnée avec Cathédran [1], la deuxième, trois jours entiers
et seuls avec une grande célébrité, encore
que mon aage me deffendist d'y apporter
autant de suffisance que de confidence.
En ce mesme temps lisoient à Tholose
MM. Corras et Du Ferrier, aussy Perrery et Fernandy et, des jeunes, du Bourg
et Pibrac, après, moy. M. de Foix, qui
m'avoit ouy avec le mareschal de Joyeuse,
lors evesque d'Aletz, prit mon heure ; il
leut quelque temps. Et voilà les premières compaignées d'estudes entre Foix, Pi-

[1] Président.

brac et moy, comme elles ont depuis continué aux estats et aux affaires de la
France. Après cela, et nos degrés prys de
Docteurs ès droict civil et canon, nous
prismes le chemin pour retourner à la
maison ; passasmes en Avignon pour voir
Æmilius Ferretus qui, lors, lisoit avec
plus d'apparat et de réputation que lecteur de son temps. Nous le saluasmes le
soir de l'arrivée et il luy sembla bon que
je leusse en son lieu lendemain matin,
jour de saint Françoys, ce que je fis, pre-
nant la loy où il estoit demeuré le jour
précédent. Il y assista lui-mesme avec
toute l'eschole et tesmoigna à mon père,
par lettres latines de sa main, qu'il n'y
avoit pas prys desplaisir. Le mesme fut
en passant à Orléans, le tout en l'assistance de tous leurs docteurs et de l'auditoire entier, car à Poictiers nous trouvasmes que l'eschole vacquoit. Nous fûmes
à Paris le 7 novembre 1550. Lendemain,
je disputay publiquement ès escolles de
Decret en grande compaignée, presque

tout le Parlement, et, trois jours après, je prys les points pour débattre une régence en droict canon et répétay ou leus publiquement un an, ou environ. »

Lors de son retour de l'Université de Toulouse, Henri de Mesmes n'avait pas vingt ans ; il joignait cependant, au titre de Docteur en droit civil et canon, une culture d'esprit peu commune et une renommée d'éloquence qui ne tarda point à lui assigner un rang fort distingué parmi les orateurs du palais. Son père le présenta au Roi ; ce prince le fit d'abord attacher à la personne du cardinal Bertrandy, Garde des sceaux, et le nomma bientôt après Conseiller à la Cour des aides. Henri de Mesmes ne siégea que deux fois dans cette compagnie ; il fut, en effet, admis au Grand Conseil avec dispense d'âge et sans examen, « aulcuns du Conseil, dit-il, ayant témoigné de mes disputes et lectures à Tholose, où ils avoient assisté, en divers rencontres ». Deux ans plus tard, en 1553, Henri II, déclarant « qu'il avoit suffisant rapport des estudes » du jeune Conseiller, lui donna la survivance de la charge de Maître des requêtes dont son père était titulaire[1]. L'année suivante, Henri de Mesmes se trouvait en Limousin, où l'appelait un procès criminel intenté au Gouverneur de cette province, lorsque mourut sa mère, à laquelle il avait toujours porté une tendre et respectueuse affection. « Elle *alla à Dieu*, dit-il, le dymanche 14 janvier 1554, ayant esté vingt-trois ans et deux moys en mariage, duquel elle avoit eu six enfants masles et trois filles, dont les cinq masles et trois femelles vivoient après son trespas. Femme certes de rare vertu et pudeur, qui parloit aussy propre-

---

[1] Bien que M. de Mesmes n'eût officiellement obtenu que la survivance de la charge de son père, « le Roy, dit-il, qui me faisoit cet honeur de me gouster et favoriser mon advancement, avoit commandé que je le servisse près de sa personne en l'estat de Maistre des requestes, comme je faisois ; dont j'ay la dépesche signée Bourdin. »

ment en sa langue qu'autre que j'aye
veue. Mon père, qui avoit accoustumé le
mariage et l'estude, voulut, quelque temps
après, essayer s'il trouveroit pareil repos
et semblable conduite de sa maison en
une autre femme et en prit une qu'il connoissoit chaste ; *mais ce fut tout*. Ce mariage fut célébré le jeudi 12 septembre 1555. »

Henri de Mesmes exerçait depuis quatre années environ les fonctions de Maître
des requêtes, lorsqu'il fut désigné pour
remplir une mission qui allait lui fournir
l'occasion de déployer des qualités d'esprit bien différentes de celles dont il avait
jusqu'alors fait preuve. Il était, en effet,
dans sa destinée de devenir tour à tour
jurisconsulte, guerrier et diplomate, et
de montrer, dans chacune de ces conditions, une incontestable supériorité.

La République de Sienne qui devait le
maintien de son autonomie à la protection
de nos Rois, était restée un centre tout
français au cœur de la péninsule italique.

En 1554, le célèbre Blaise de Montluc et Pierre Strozzi, chef de la faction républicaine vaincue à Florence par les Médicis, avaient pris eux-mêmes le commandement de l'armée franco-siennoise. Côme, premier duc de Toscane, affectant de considérer cet état de choses comme une menace pour sa propre sécurité, sollicita Charles-Quint de lui fournir les subsides et les renforts nécessaires pour attaquer les Siennois. L'Empereur accueillit avec empressement ces ouvertures, et Medichino, marquis de Marignan, entra en campagne à la tête d'un corps de 25,000 hommes. Strozzi remporta d'abord quelques avantages, mais la défaite de Lucignano le mit dans l'impossibilité de couvrir Sienne qui, investie par les confédérés, dut se rendre après une héroïque résistance. Contrairement aux clauses expresses de la capitulation, la république fut livrée par Charles-Quint à son fils Philippe II qui lui imposa un Gouverneur espagnol. La plupart des habitants de la

ville préférèrent s'exiler plutôt que de
sanctionner par leur adhésion un pareil
abus de la force contre le droit ; ils se re-
tirèrent à Montalcino où ils établirent le
siége de leur gouvernement. Dès que les
réfugiés Siennois eurent adopté les me-
sures nécessaires à la sécurité de l'État
qu'ils avaient reconstitué, les questions
d'administration intérieure devinrent l'objet de leur plus active sollicitude. Désireux de confier à un Français la principale magistrature de leur cité, ils s'adres-
sèrent à Henri II, en le priant de dési-
gner lui-même un jurisconsulte éclairé
qui serait investi par eux du titre de Podestat. Le choix du souverain se porta
sur Henri de Mesmes dont le savoir et le
mérite lui semblèrent répondre entièrement aux vues de ses alliés.

M. de Mesmes quitta Paris vers le mois
de novembre 1556 ; ses instructions lui
prescrivaient de se rendre d'abord à Rome
auprès du Pape dont la situation était
alors des plus critiques. Quelques mois

auparavant, le Souverain Pontife avait demandé compte à Charles-Quint et à son fils des encouragements accordés par eux aux Colonna, vassaux rebelles du Saint-Siége. Sur le refus de Philippe II d'expliquer les motifs de sa conduite, Paul IV avait révoqué les bulles qui lui conféraient le droit de s'approprier une partie des revenus du clergé espagnol et avait fait arrêter les ambassadeurs de ce prince. A cette nouvelle, le duc d'Albe, Gouverneur de Naples, s'était mis en marche avec des forces imposantes et était venu camper aux environs de Tivoli. Le Pape comptait sur l'intervention de la France pour l'aider à soutenir la lutte. Henri II avait, en effet, conclu avec lui, dès 1553, un traité d'alliance offensive dans le but d'expulser les Impériaux de la Péninsule. Après de longues hésitations, le Roi, poussé par les Guises qui, en qualité d'héritiers de la maison d'Anjou, se flattaient d'obtenir l'investiture du royaume de Naples, s'était enfin

décidé à exécuter ses engagements. M. de
Mesmes avait été invité à porter au Saint-
Père l'assurance de la prochaine arrivée
d'un corps d'armée commandé par François de Guise et destiné à soutenir les in-
térêts de la papauté. Il conduisit cette négociation avec tant de prudence et de sa-
gacité, que le gouvernement français lui
fit proposer de rester à Rome en qualité
d'Ambassadeur afin d'y remplacer M. de
Selve. De Mesmes ne se sentait pas encore assez d'expérience pour assumer une
aussi lourde responsabilité. A cette défiance de soi-même qui n'est jamais le
partage des esprits médiocres, venaient
se joindre d'autres raisons de nature à le
confirmer dans l'intention où il était de
décliner ces offres brillantes. « J'estois fils
de famille [1], dit-il, et ne fus conseillé me
charger de Légation de si grosse des-
pense. »

[1] C'est-à-dire qu'il n'avait point encore de
patrimoine.

Après avoir refusé une ambassade à vingt-quatre ans, M. de Mesmes atteignit le but de son voyage et prit possession de la charge de Podestat. Les relations qu'il se trouvait obligé d'entretenir avec Blaise de Montluc, Gouverneur de Montalcino, constituaient un des plus sérieux embarras de la situation. L'humeur ombrageuse et farouche de ce capitaine était devenue proverbiale. « M. de Roissy, dit Le Laboureur, eut à maintenir l'honneur et l'autorité de sa commission de Sienne, non seulement avec une nation déliée et difficile, mais *avec un Gouverneur ingouvernable,* le sieur de Montluc, qui ne vouloit pas, en son temps, qu'aucune réputation prist racine que fort loin de son ombre. »

Henri de Mesmes, grâce à l'esprit de douceur et de conciliation auquel ses contemporains ont rendu de si éclatants hommages, parvint d'abord à atténuer la rudesse du Gouverneur. Forcé de quitter Montalcino pour rejoindre le duc de

Guise qui était entré en Italie avec douze mille fantassins, Montluc se déclare heureux de laisser dans la place un homme d'un mérite éprouvé qui saurait, en cas d'attaque ou de revers, ranimer le courage des habitants. « Je faisois estat, dit-il, que, luy estant dans la ville, si je mourois, ayderoit fort les citoyens afin de ne perdre cœur, attendant celuy que M. de Guise y envoyeroit, car il (M. de Mesmes) est homme d'entendement et persuasif[1]. » De graves événements vinrent bientôt fournir à M. de Mesmes l'occasion de montrer combien il était digne de la confiance que Montluc avait placée en lui. Les Impériaux ayant voulu profiter de l'absence du Gouverneur pour reprendre l'offensive, il organisa un camp retranché en vue de protéger la ville contre toute surprise et d'assurer le maintien de ses relations avec l'extérieur. Sous son com-

[1] *Mémoires* de Blaise de Montluc, *Ancienne collection des Mémoires relatifs à l'Histoire de France*, t. XXIV, p. 27.

mandement, plusieurs sorties heureuses
furent opérées et diverses forteresses,
dont le feu menaçait les convois de
vivres et de munitions destinés aux habitants de Montalcino, furent reprises par
les Siennois.

Le succès de cette campagne suscita à
Henri de Mesmes de nombreux et puis-
sants ennemis. « Mon aage et ma grande
charge, dit-il, ne pouvoient estre sans
envie ; l'on m'en fit aussy bonne part que
d'honeur et de pouvoir. » Montluc ne
pardonna jamais au jeune magistrat de
s'être montré aussi habile statégiste qu'un
vieux général ; revenant sur le jugement
favorable qu'il avait naguère porté, il ne
recula pas devant la calomnie pour chercher à déconsidérer celui qu'il envisa-
geait, dès lors, comme un redoutable ad-
versaire. « M. de Guise, écrit-il dans ses
Mémoires, avoit envoyé M. de Malassise,
qui est aujourd'huy seigneur de Roissy,
pour estre Surintendant des finances. Je
luy donnay un cheval turc : si j'en avois

maintenant un semblable, je ne le donne-
rois pour 5oo escus. Il me rendit fort mal
ce plaisir et l'amitié que je lui portoys, car
il fit tant qu'il me mist en la mauvaise
grâce de M. de Guise... Pour lors, je n'a-
vois rien découvert des menées dudict
seigneur de Malassise, qui pourchassoit
que M. de Guise m'appelast auprès de
luy et qu'il baillast ma charge à M. de la
Molle, car il avoit opinion qu'eux deux
ensemble manieroient mieux les affaires
que moy et à leur profit. Je ne veulx
point icy mettre les raisons, pour ce qu'on
pourroit dire que c'est pour l'inimitié
qu'il me porte, et moy, par conséquent
à luy, *qui suis mal endurant*, et qui por-
terois volontiers en ma devise, si je n'en
avois une aultre, ce qu'un de la maison
de Candalle portoit : « *Qui m'aymera, je
l'aimeray*. » Montluc croit plus sûr de
taire ici la véritable cause de ce ressenti-
ment implacable, et il condamne son ri-
val sans fournir les preuves des faits qu'il
articule contre lui. Des esprits aussi ju-

dicieux qu'impartiaux ont pris soin de venger la mémoire de M. de Mesmes de ces lâches imputations. « Malgré l'animosité avec laquelle M. de Montluc poursuit M. de Roissy, écrit l'auteur des *Observations* sur les Mémoires du capitaine gascon, il est prouvé par l'histoire que ce magistrat fut recommandable par l'étendue de ses connaissances littéraires et par son habileté dans les négociations... Il paroît que *son premier crime aux yeux de Montluc fut de s'être signalé dans plusieurs expéditions militaires... De là naquit la haine qu'il conçut contre luy.* »

M. de Mesmes remplit pendant quatorze mois les fonctions de Podestat[1]. Lors de l'expiration de ce délai, suivant l'usage établi dans l'État de Sienne, les

---

[1] Voy. la « *Descrizzione e verificazione di tutte l'intrate e vendite cose de la Republica (Senese) come anco delle communità de le terre del Dominio Senese sotto la protezzione del Re christianissimo.* » (Bibl. Nat. anc. F. n° 7057, F. de Mesmes, n° 444.

procédures dont il avait pris l'initiative et les arrêts qu'il avait rendus, furent soumis à une commission de Syndics chargés d'en apprécier la validité. Le résultat de cette enquête fut des plus flatteurs pour de Mesmes qui reçut de nombreux témoignages de la gratitude des Siennois. « Après l'examen de toutes mes actions, jugemens et procédures, dit-il, fut donnée, par les Commissaires, sentence d'absolution, de l'advis de tous, selon la forme de leurs statuts et, depuis, *tesmoignage de bien servy* par toute la République, dont je rapportay en France les lettres au Roy Henry, mon bon maistre, afin qu'il connust que je n'avois pas failly en ma charge, ni luy en son élection[1]. »

Les forces du duc d'Albe, supérieures en nombre à celles de l'armée française, avaient obligé François de Guise à abandonner Civitella après trente-six jours de

[1] En son choix.

siége ; faute de ressources pour continuer la conquête du royaume de Naples, il était rentré dans les Etats pontificaux et se bornait à protéger Rome contre les entreprises des Colonna et des Espagnols, lorsqu'il reçut la nouvelle du désastre de Saint-Quentin. Henri II le rappelait en toute hâte, ainsi que Montluc et Strozzi, avec les troupes dont le commandement leur avait été confié. Le prince, renonçant à la campagne d'Italie, ne songeait plus qu'à sauvegarder l'intégrité de ses États. Guise prit aussitôt congé de Paul IV, s'embarqua pour Marseille et se rendit immédiatement auprès du Roi, qui le nomma Lieutenant général en chef ; dès qu'il eut réorganisé l'armée à l'aide de renforts étrangers, il résolut de frapper l'imagination découragée des Français par une victoire assez éclatante pour faire oublier leurs revers. La prise de Calais eut, dans le pays, un immense retentissement. L'Anglais qui s'était fait l'auxiliaire des haines de Philippe II, était

définitivement expulsé du royaume. Les
Etats, réunis à Paris, votèrent une contribution extraordinaire de 3 millions
d'écus d'or pour subvenir aux dépenses
de la guerre. Bientôt Metz, Thionville,
Nieuport, Bergues et Saint-Winox se
virent forcées de capituler. Ces brillants
avantages semblaient l'indice d'un revirement complet dans la fortune des armes. Malheureusement, l'échec subi par
M. de Thermes à Gravelines vint menacer de compromettre de nouveau la situation. C'est alors que, sur les instances
du Pape et de la duchesse douairière de
Lorraine, Henri II et Philippe II consentirent à entamer des pourparlers. Après
de laborieuses négociations qui se prolongèrent pendant plus de cinq mois, la paix
fut signée à Cateau-Cambrésis, le 3 avril
1559. Le Roi recouvrait Calais, le Vermandois et les Trois-Évêchés ; mais il
perdait sans retour ses possessions d'Italie, sauf Saluces, Turin, Villanova, Pignerol et Chivasso ; la main de sa fille

était promise à Philippe II ; celle de sa sœur, au duc de Savoie. La paix était chèrement achetée : « *ceulx qui aimoient la France en pleuroient* », s'écrie Brantôme, et regrettaient ces belles provinces italiennes, acquises au prix de l'effusion de tant de sang français.

Pour célébrer à la fois la conclusion du traité et les fiançailles des deux princesses, la ville de Paris organisa des fêtes magnifiques. On connaît l'issue fatale du carrousel de l'hôtel des Tournelles, où Henri II tomba, mortellement blessé par la lance de Gabriel de Montgommery. Henri de Mesmes, qui était rentré en France au moment où venaient de s'ouvrir les conférences préliminaires du traité de Cateau-Cambrésis, fut témoin oculaire de l'événement. « Je suivis le Roy, dit-il, en Champaigne et en Picardie et en cette grosse armée d'Amiens, et ne le laissay guière, durant la guerre ny en la resjouissance de la paix depuis accordée, où *je le vy frapper d'un coup dont il mourut* et le repos de la France avec luy. »

La mort d'un prince qui lui avait donné tant de marques de bienveillance et d'amitié jeta M. de Mesmes dans un profond découragement. L'avènement de François II plaça au premier rang le duc de Guise et son frère le cardinal de Lorraine, oncles de la jeune Reine Marie Stuart. Les relations cordiales qu'Henri de Mesmes avait toujours entretenues avec le vainqueur de Calais et de Metz eussent été pour lui un gage assuré de la faveur du Roi, mais l'agitation et les déplacements continuels auxquels se trouvait soumis l'entourage du souverain étaient entièrement contraires aux goûts de M. de Mesmes. Le désir de jouir d'un repos qu'il plaçait au-dessus de tous les biens de la fortune, le décida à abandonner la cour pour vivre désormais dans la retraite, en se bornant à remplir ses fonctions de magistrat. « Lors, dit-il, pour ce que j'avois faict grand fondement de

mes services en ce bon Roy (Henri II), et
que le changement du règne ne me promettoit que nouveaux mouvements, *je
me disposay, après sa mort, à moins voia-
ger et moins courtiser*[1] *et trouvois qu'il
valoit mieux me tenir à mes livres et à
mon office.»*

Rendu à la vie privée, Henri de Mesmes
nous retrace successivement les joies et
les épreuves de son foyer domestique. Il
avait épousé, le 5 mars 1552, n'étant encore âgé que de vingt et un an, sa cousine Jeanne Hennequin, fille d'Oudart
Hennequin de Boinville, Conseiller maître à la Chambre des comptes du Parlement de Paris. De cette union étaient
issus Renée, venue au monde le 30 juin
1557, et Jean-Jacques[2], né un an après

[1] Fréquenter la Cour.

[2] De Mesmes donna plus tard pour précepteur
à son fils, le célèbre poëte Jean Passerat. Né à
Troyes le 18 octobre 1534, Passerat fit ses
classes au Collège du Cardinal Le Moine et s'y
lia intimement avec Ronsard et Muret ; il étudia
le droit à Bourges où professait Cujas et revint

la mort de Henri II[1]. « Il pleust à Dieu, écrit Henri de Mesmes, pour alléger tant de douleurs que je recevois coup à coup, de me donner dans l'an un enfant, qui estes vous, mon fils, qui naquistes le 27e juillet 1560, entre cinq et six heures du soir et beaucoup plus près de six que de cinq, et fustes baptisé à Sainct-Merry, et

à Paris en 1569. C'est alors qu'Henri de Mesmes, en lui confiant l'éducation de Jean-Jacques, lui offrit une hospitalité dont il devait jouir jusqu'à sa mort. Passerat composa diverses pièces de vers français et latins sur Mme de Mesmes et sur ses enfants ; nous en citerons ici quelques-unes :

I

ÉTRENNES A MADAME DE ROISSY :

L'an recommence sa carrière,
Vous aussi vos dévotions :
Quelle sera vostre prière,
Seul remède aux afflictions ?
Prier pour la paix, c'est offense,
Au moins on nous l'a deffendu...
Sans outrepasser la deffense,
Le contraire soit entendu !
Madame, priez pour la guerre ;
Il ne faut que de nom changer :
Qu'elle aille loin de cette terre,
Et retourne chez l'étranger.

[1] Judith de Mesmes ne naquit qu'en octobre 1568.

par mon père, vostre aïeul, nommé de
son nom Jean-Jacques. Il disoit que mon
grand-père, votre aïeul, nommé de son
nom, s'estant, après les guerres et longues fatigues de ce monde, voué à Sainct-
Jacques-en-Galice, et laissant grosse sa
femme qui estoit plus jeune, nommée de
Canna, ancienne maison de Guyenne,

II

ÉTRENNES A MADAME DE ROISSY :

Au nouvel an, si je salue
Vostre vertu, partout connue,
C'est à moy beaucoup entreprins :
Mais le devoir me le commande,
Et la vertu rien ne demande
Que l'honneur seul, qui est son prix.
Vous serez donc assez contente
De ce peu que je vous présente,
Car je connois vostre bonté.
Quoi qu'il en soyt, m'en voilà quitte :
Petit don petit homme acquitte,
S'il part de bonne volonté.

III

IN EFFIGIEM HENRICI MEMMII UXORIS ET LIBERORUM

Egregium est pictoris opus : latet unica culpa :
Pro binis, pinxit quatuor effigies.
Sat pinxisse fuit gemina sub imagine natos :
Natorum effigie pictus uterque parens.
Quod si, ut corporibus tabulis adoleverit ætas,
Filius ipse pater, filia mater erit.

ordonna que l'enfant qui naistroit en son absence eust le nom de Jacques avec celuy de son parrain. Dont est venu qu'en nostre maison, tous ont eu deux noms *fors que moy, pour ce que mon parrain estoit Roy[1], et que son nom ne se devoit accompagnier d'un autre moindre.* »

IV

A MADAME DE ROISSY, SUR LES TABLEAUX ET LES PORTRAITS DE SES ENFANTS :

J'admire ce tableau où sont, du corps humain,
Les membres bien tirés, et les traits du visage :
Mais, combien qu'un bon maistre ayt icy mis la main,
Ce que plus on y loüe est vostre propre ouvrage.

Le poëte fit ces deux épitaphes pour celle dont il avait célébré les grâces et les vertus :

V

Jana Hennequina condor isto marmore
Bona et pudica, si licet verum loqui,
Sed scis, Viator, non licere hoc mortuis :
Fati silere mortuos leges jubent.

VI

Jana Hennequina moribus vixi integris
Et nota cunctis et probata civibus.
Sed plura de me non, Viator, audies :
Pudor morsque mi imperant silentium.

(Kalendæ Januariæ.)

[1] On se souvient que Henri de Mesmes était filleul de Henri II.

Renée de Mesmes mourut avant d'avoir
achevé sa cinquième année. Cette perte
causa à son père un chagrin qu'il déclare
avoir été la plus cruelle épreuve de son
existence. « Vous ne fustes pas longtemps
puisné, dit-il, en s'adressant à Jean-Jacques, car Renée, ma fille, *alla à Dieu*
deux ans après, qui fut le 30e jour d'avril
1562. Ce fut d'un abcès au cerveau, pour
quelque cheute à la renverse dont la teste
avoit reçeu le coup ; de quoy je ne sceus
rien qu'après sa mort. Ainsy, elle n'a
vescu que quatre ans, neuf moys, deux
jours et vingt-deux heures et demie. Et
souvent je prie Dieu qu'il me done, à ma
fin, autant de dévotion et de constance,
selen mon sexe et mon aage, que j'en vey
en la tendre enfance de cette pauvre innocente ! *Je puys dire aussy qu'en ma vie
entière je n'ai reçu une pure et solide
affliction que celle-là !* Mais c'est ainsy ;
Dieu dispose : nous sommes tous sous
ses pieds et il nous prend, vieux et jeunes,
quand il luy plaist. »

La lueur de ce coup de foudre qui atteint le père dans ses plus chères affections, permet d'entrevoir un moment le secret de cette vie intérieure du seizième siècle, au sujet de laquelle nous possédons si peu de renseignements authentiques. L'expression poignante mais résignée de la douleur de M. de Mesmes témoigne d'une foi ardente et sincère jointe à la plus exquise sensibilité; on conçoit les garanties précieuses qu'un semblable caractère apporte à l'appui de ses affirmations. Il n'est point sans intérêt pour l'étude morale d'une époque qui nous apparaît voilée de tant de souillures, de voir un homme d'État de la valeur de Henri de Mesmes verser des larmes brûlantes sur la tombe de son premier-né. Cet épisode intime prouve combien le défaut de lumières doit nous rendre circonspects dans nos jugements. Nous ne connaissons, en effet, le passé que par les exposés officiels dont les contemporains nous ont transmis le récit; leurs impressions personnelles, qu'ils ont presque constamment dissimulées, auraient eu parfois pour la postérité plus de prix que les faits généraux dont ils ont conservé le souvenir. Ce qu'il importe de reconstituer aujourd'hui, c'est l'histoire vécue et sentie, celle enfin qui n'a point été composée en vue de nous séduire et de nous influencer.

Appelé par l'exercice de sa charge à entretenir un commerce assidu avec Michel de L'Hospital, M. de Mesmes conçut bientôt pour lui autant d'attachement que d'admiration[1]. « En ce temps-là, dit-il, florissait en France le Chancelier de L'Hospital, homme de grandes lettres et qui traictoit de la justice du royaume avec beaucoup de louange. *Au regard de*

[1] Voy. les vers latins composés par Jean Passerat au nom de Henri de Mesmes et adressés au Chancelier de L'Hospital, en diverses occasions. (Voy. Joannis Passeratii, etc... *Kalendae Januariae et varia quædam poematia. Lutetiæ, apud viduam Mamerti Patissonii, typographi Regii*, in-12, 1603.)

4

la police et religion, on en parloit diver-
sement. J'étois Maistre des requestes et
mon debvoir m'obligeoit de me tenir près
de luy ; souvent il me faisoit tenir la
chancellerie en son lieu, dedans sa salle[1]
et sceller en plain sceau quand il perdoit
son sang et ne pouvoit seoir[2]. Puys, je
lui rapportois les difficultés qui me sembloient dignes de luy et attendois, pour
ce faire, qu'il sentoit quelque allégement.
Lors, il se résolvoit, en peu de temps,
sur tout ce que j'avois remis à luy. Bien
souvent il entroit en discours avec moy
des lettres et plus souvent de l'Estat,
avec autant de sagesse que d'éloquence
Nestorienne, car je l'appelois ainsy, (Nestor), que *je confesse avoir autant appris*
en son eschole, après celle de mon père,
qu'en autre où j'aye esté de mes jours. Et,
entre mes papiers, parmi les lettres des
grands hommes de nostre siècle, dont je

[1] Dans son cabinet de travail.
[2] S'asseoir.

garde bonne quantité, *j'ay quelque nombre d'epistres latines qu'il m'envoyoit.*
Or il ne dura pas toujours et sentit en
luy-mesmes les poinctes de l'envie ; et
ont Olivier et luy, tous deux les plus
capables qu'on ayt encores veu en tel
estat, esté ostés pour faire place à d'autres qui ne leur ont pas succédé en tout. »

En 1564, pendant le séjour du Roi à
Lyon, on découvrit, en faisant des fouilles,
une médaille d'argent à l'effigie d'Aristote dont les traits présentaient une grande
ressemblance avec ceux de Michel de
L'Hospital. Henri de Mesmes acheta la
médaille et l'offrit au Chancelier. Cet in-
cident fit grand bruit dans le monde de
la cour et des lettres. Les poëtes latins
les plus à la mode organisèrent entre eux
un véritable tournoi d'éloges et de flatte-
ries[1] ; ils prétendirent que, par une sorte

---

[1] Les résultats de ce concours sont consignés
dans les volumes manuscrits n°s 8138 f. 57 et
8139 *Fonds latin* de la Bibliothèque nationale.
Parmi les poëtes qui y ont pris part, nous cite-

de métempsycose, l'esprit du célèbre philosophe antique s'était incarné dans celui de L'Hospital. Nicolas Perrot, Conseiller au Parlement de Paris, écrivait, en cette occasion, à son collègue Henri de Mesmes :

« Donasti libros donasti carmina, Memmi,
Vivum etiam nobis reddis Aristotelem ;
Nunc mitto ingratos pro grato munere versus :
Supprime ut indignos ; hoc quoque munus erit. »

« Le Chancelier, dit de Thou, ne ressembloit pas seulement à Aristote de visage, comme on peut juger par les portraits de l'un et de l'autre qui se rencontrent partout, mais encore à Solon, à Lycurgue, à Charondas et à Platon, ces législateurs immortels, par son âme, ses mœurs, son érudition et son grand sens. » La modestie de Michel de L'Hospital lui défendait, toutefois, d'accepter un sem-

rons Nicolas Perrot, son frère Perrot de Mézières, Mondoré, Pibrac, Théodore de Bèze, Turnèbe, Lambin, Duchesne, Dorat, Vergèce, Sibilet, Forcadel, Govea, etc.

[A similar list given by Espres Scott in Claude Fauchet, sa vie, son oeuvre]

(see my notes in Mondoré file)

blable tribut de louanges. « On prétend, écrivait-il, que j'ai non-seulement les traits, mais encore le génie du philosophe de Stagyre : c'est une licence que prennent les poëtes de proclamer comme des vérités leurs fantaisies et leurs caprices. Mais, qui me connaît à fond ne retrouve en moi d'Aristote que les tempes blanchies et la tête chauve. »

Neuf années passèrent rapidement pour Henri de Mesmes, remplies par les devoirs que lui créaient ses fonctions et par les travaux littéraires auxquels il consacrait ses loisirs. Pendant ce temps, la situation intérieure du royaume s'était sensiblement aggravée. Les réformés dont les forces, accrues par des renforts allemands, grossissaient de jour en jour, avaient fait de La Rochelle le centre de leurs opérations militaires. L'entourage de Charles IX se montrait animé de sentiments fort contradictoires sur les moyens à adopter pour conjurer le péril. Les uns pensaient que le gouvernement de-

vait affecter ses dernières ressources à la
répression de l'insurrection ; les autres
croyaient qu'il était plus sage de chercher à conclure avec les protestants un
accord sérieux et durable. Le Chancelier
de L'Hospital, désireux de faire préva-
loir des idées de concorde et d'apaisement, avait soumis au Roi son *Discours
des raisons et persuasions de la paix ;*
il suppliait le prince d'épargner la vie de
ses sujets et « de ne pas laisser corrom-
pre sa naturelle bonté » par ces courtisans cupides qu'il ne craignait pas d'appeler « des pestes sanguinaires. » Catherine de Médicis comprit enfin la nécessité
d'assurer à son fils l'appui de conseillers
intègres et expérimentés ; le sentiment
d'inquiétude auquel elle était alors en
proie la poussa à tenter une démarche dont
son histoire offre peu d'exemples.

Un jour, une litière aux armes de
France s'arrêta, dans la rue de Jouy, devant
la lourde porte de l'hôtel de Mesmes :
une femme vêtue de noir, la tête cou-

verte d'un épais voile de crêpe, en des-
cendit et franchit lentement le seuil, suivit d'un prélat portant les insignes de la
pourpre romaine. Henri de Mesmes, qui
vint aussitôt recevoir ces hôtes inatten-
dus, reconnut en eux la Reine mère et le
Cardinal de Lorraine. Catherine de Médicis lui annonça que le Roi, se souvenant
de l'affection paternelle qu'Henri II lui
avait toujours témoignée, avait formé le
projet de l'appeler à entrer dans ses conseils. Mais, au grand étonnement de cette
princesse qui n'épargnait ni les instances
ni les promesses pour le persuader, M. de
Mesmes déclina le vœu dont elle daignait
elle-même lui porter l'expression. La grave
responsabilité des affaires politiques lui
inspirait, disait-il, un invincible éloigne-
ment. La Reine mère, le voyant déterminé
à persister dans cette résolution, se borna
à le prier de l'accompagner pour quelques heures au château de Saint-Maur-
les-Fossés ; elle se flattait de vaincre sa
résistance lorsqu'elle l'aurait enlevé à

cette demeure de famille où tout retraçait le calme et le bonheur domestique. Ce désir était un ordre auquel Henri de Mesmes ne pouvait se dispenser d'obéir ; il monta dans la litière royale et passa la journée entière à Saint-Maur. Catherine ne manqua pas d'y aborder de nouveau avec lui la question à laquelle elle attachait tant d'importance, mais elle apporta, cette fois, dans la discussion, un ton d'autorité fort différent des raisons d'attachement et d'amitié qu'elle avait précédemment invoquées. « Elle me tansa, dit M. de Mesmes, de mon trop excessif repos et continuelle vacation d'affaires pour l'estude des lettres : *qu'il estoit temps de secourir sa patrie et qu'il ne seoit pas à un bon citoyen d'estre si à son ayse enfermé dans son jardin et un estude pendant la tempeste d'un orage public.* » « Je me deffendis comme je peu au dépourveu, ajoute-t-il, et sans avoir prémédité cette venue, mais *je fu tant batu jusques presque à nuict close,* que, le soir,

*de retour à Paris, je n'estois pas moy-
mesme et n'avois plus ma liberté entière.* »
Le sentiment du devoir l'emporta chez
M. de Mesmes sur la répugnance qu'il
éprouvait à rentrer dans la vie politique.
Il se soumit ; nommé d'abord Ambassadeur de France en Allemagne, il fut
ensuite chargé de diverses négociations
très-délicates entre la cour et les réformés.

Au mois de septembre 1569, de Mesmes qui avait suivi Charles IX et Catherine au Plessis-lez-Tours, fut mandé
en toute hâte auprès de son père dont
la santé gravement atteinte ne laissait
plus d'espoir de guérison. « *La Reyne
mère du Roy,* écrit-il, *pleura de cette nouvelle* et dict à un autre qu'à moy que, depuis quelques jours, elle l'avoit nommé
et faict retenir Chancelier de France.
Mais il alloit ailleurs, et luy falloit faire
un autre voiage ! Par quoy, m'estant
soudain rendu près de luy, il desclara
mourir content puysqu'il m'avoit à sa fin,

m'ordonna sa dernière volonté et à moy
seul de tous les siens, puys trespassa le
19ᵉ de septembre 1569 ; et entroit à l'aage
de quatre-vingts ans. Je diray, pour un
sommaire du cours de ses ans, qu'il n'a-
voit jamais acheté ny demandé d'office.
Il avoit rendu, de son gré, celuy de Lieutenant civil et sur une promesse d'un
plus grand ; il s'estoit contenté, cependant, de celuy de Maistre des requestes.
Il avoit, à trois diverses fois en sa vie,
gardé les sceaux de France, faisant l'estat de Chancelier sans provision de l'office, et j'en ay encore les coffres des sceaux,
pour marque de cet honeur. Il a laissé,
en ses papiers, les lettres de trois offices
de Premier Président à Tholose, Bourdeaux et Rouen, qu'il refusa l'un après
l'autre ; et ne receut qu'à force l'honeur
de l'estat du Conseil privé, qui n'estoit pas
vulgaire, lors. Mais, sur ce qu'il remontroit
sa vieillesse et impuissance, le Roy Charles
répliqua : « C'est ce qui me faict vous
prier d'en estre, pour éviter le blasme

que ce me seroit si vous mouriez sens
en estre. »

« Ayant porté en terre le corps de mon
père, ajoute Henri de Mesmes, et rendu
les derniers offices que mon devoir et ma
religion et piété me commandoient, j'allay
trouver le Roy à Angers, qui, le lendemain, me fit faire sermant de Conseiller
en son privé Conseil, pour ce qu'à cause
des guerres, il y estoit entré nombre de
chevaliers et grands seigneurs et quatre
ou cinq hommes de robe longue peu de
jours auparavant. Par ce règlement, en
fut ordonné six seulement pour le Conseil
ordinaire des affaires du Roy et de ses
finances et pour entrer à son lever le matin aux affaires d'Estat. Je fus l'un de ces
six. Les autres étoient Morvilliers, Lansac, Pellevé, Limoges et Birague, de façon que, depuys ce temps-là, le Conseil
des finances estoit seulement desdicts
Seigneurs de Morvilliers, Limoges et
moy. Les autres estoient absents et n'y
avoit autre Intendant que Marillac. Cela

a bien esté remué[1] depuys et, comme les affaires des finances furent plus malades, *plus de médecins, moins de remèdes.* »

La paix conclue avec les protestants à Longjumeau, le 23 mars 1568, par les soins de Michel de L'Hospital, n'avait été, en réalité, qu'une suspension d'armes ; la disgrâce du Chancelier devint le prélude des plus graves événements. Un édit, enregistré au Parlement de Paris le 28 septembre suivant, interdit l'exercice du culte réformé ; les huguenots devaient opter entre l'abjuration ou le bannissement. La guerre reprit avec un acharnement extrême dans les provinces de l'Ouest dont Condé et Coligny avaient entrepris la conquête ; l'Angoumois, la Saintonge, le Poitou tombèrent successivement en leur pouvoir. Les victoires de Jarnac et de Montcontour, remportées par Tavannes et par le duc d'Anjou, semblèrent d'abord entraver les succès

---

[1] Changé.

des réformés ; mais, sous le commandement de la Noue et de l'amiral, ils réparèrent bientôt leurs pertes et reprirent l'offensive. Charles IX et Catherine, inquiets sur l'issue du sanglant conflit qui divisait le pays, jugèrent le moment opportun pour engager les pourparlers avec les révoltés. Les chefs de l'armée confédérée paraissaient, d'ailleurs, incliner eux-mêmes vers la conciliation. « Ils parloient de paix, dit M. de Mesmes ; *le Roy y voulut entendre et me choisit, avec M. de Biron, pour les aller trouver et traicter.* » Après diverses entrevues, à La Rochelle avec Jeanne d'Albret, et en Auvergne, avec les princes de Navarre et de Condé, les deux plénipotentiaires revinrent au château de Saint-Germain, accompagnés de délégués huguenots munis de pleins pouvoirs pour négocier.

« Si dirai-je, pour mon regard[1], ajoute

[1] En ce qui me concerne.

M. de Mesmes, que je rapportay au Roy
deux choses dont il eust contentement;
l'instruction qu'il m'avoit baillée secrètement et à part, escrite de sa main,
avec si bon mesnage[1] que je n'avois pas
encore tout acordé ce qu'il m'avoit permis, et la paix ou la guerre à son choix,
sens que rien dépendist plus que de sa
seule volonté, c'est-à-dire toutes choses
en leur entier, et ne sceut onq tirer de
moy autre (chose) sinon : « C'est un coup
de maistre; je vous mets à mesme;
voulez, ce qu'il vous plaira il sera faict,
car l'un ou l'autre est préparé avec tous
moyens possibles. » — « Il le trouva bon
ainsy et opta la paix. »

Le traité de Saint-Germain qui fut
l'œuvre capitale de la carrière de Henri
de Mesmes, consacrait les plus impor-
tantes concessions. La liberté de conscience était proclamée; les protestants,
admis à célébrer leur culte dans les prin-

[1] Avec tant de prudentes réserves.

cipaux centres de la réforme, pouvaient aspirer à toutes les charges de l'État; les décisions judiciaires rendues contre eux « pour le regard de la religion » se trouvaient abrogées de plein droit ; les places de La Rochelle, de Cognac, de Montauban et de la Charité leur étaient cédés pour deux ans, à titre de garanties.

« L'édict de la paix, écrit Pierre de L'Estoile, fut publié à Paris, le 11ᵉ d'aoust 1570, et dans La Rochelle, le 26ᵉ, en la place du Chasteau, devant le logis où estoit la Royne de Navarre aux fenestres, estant avec elle Madame la princesse sa fille et leurs damoiselles. Et aussi y estoient M. de la Rochefoucauld, M. des Roches, premier escuyer du Roy, et plusieurs autres grands seigneurs et gentilshommes. Les deux trompettes du Roy sonnèrent par trois fois ; puis le roy d'armes *Dauphiné*, accompagné des roys d'armes *Anjou* et *Bourgogne*, lut et publia l'édict de pacification. Ce faict, la Royne

de Navarre fit faire la prière par Du Nort,
ministre de l'Eglise de La Rochelle, et à
la fin des prières toutes les artilleries de
La Rochelle tirèrent. »

Malgré les gages d'apaisement que les
stipulations de Saint-Germain appor-
taient au pays, le traité ne fut approuvé
que par les partisans de la modération et
de la sagesse dont le groupe d'élite, à
toutes les époques de l'histoire, s'est toujours trouvé victime de l'aveugle majorité
des factions. Les réformés irréconciliables
blâmèrent leurs chefs de s'être prêtés à
une entente avec la cour, et le parti espagnol ne pardonna point au Roi cette
transaction avec des rebelles. L'œuvre
laborieuse des négociateurs fut donc bientôt non seulement discutée, mais calom-
niée. Les ambitieux, trompés dans leurs
espérances et dans leurs convoitises,
cherchèrent à provoquer un sentiment
de défiance sur les résultats de l'acte diplomatique qui venait de mettre fin à la
guerre civile. Les beaux esprits du temps

lancèrent contre le traité un mot sanglant qui fit fureur ; l'infirmité de M. de Biron et le nom de la terre de Malassise, alors porté par Henri de Mesmes, leur fournirent le trait de cette épigramme politique restée célèbre : « on disoit la paix *boîteuse* ou *mal assise*, écrit de Mesmes, et je n'en ay point veu, depuis vingt-cinq ans, qui ayt guière duré. Ainsy advient-il des guerres civiles, mesmes pour religion, et nous y sommes encores... Il est vray que la Saint-Barthélemy la rompit au bout de deux ans, et est bien vray aussy ce qu'on dict que les grands empires ne sont jamais longuement en repos. *Quoy que ce soyt, je puis bien jurer y avoir procédé sincèrement et dire que je deslivray, pour ma part, à cette fois, la France d'une très-sanglante et très-périlleuse guerre ; dont j'espère que les gens de bien me sçauront tousjours gré*[1]. »

[1] Voy. *Scævolae Sammarthani lucubrationum pars altera, qua continentur Gallorum doctrina illustrium qui nostra patrumque memoria florue-*

L'histoire doit enregistrer précieusement cette déclaration solennelle empreinte du caractère de la plus parfaite loyauté, et qui, d'ailleurs, est confirmée par le témoignage de Sainte-Marthe : « *L'éloquence de M. de Mesmes, dit-il, qui n'a jamais été égalée, sut rallier à l'amour de la concorde les esprits des François égarés par des troubles si prolongés.* » Si l'odieux massacre du 24 août 1572 vint bientôt détruire les effets de l'acte réparateur par lequel le diplomate avait tenté de mettre un frein aux divisions intestines du pays, ce triste résultat ne doit point frustrer sa mémoire de la reconnaissance et du respect de tous ceux qui ont quelque souci de l'honneur national. La paix de Saint-Germain reste

runt, elogia. Henricus Memmius, p. 209. In-12, *Augustoriti Pictonum*, 1606. Jean Passerat fit les vers suivants sur la paix qu'on allait conclure :

Verrons-nous donc la paix fleurir en cette terre ?
Ma foi, je crois que non, ou qui dure longtemps ;
Car, si on faict la paix, j'y vois des malcontens
Et par les malcontens recommence la guerre.

donc le plus beau titre de gloire de Henri
de Mesmes.

Le Roi se montra d'autant plus reconnaissant envers le diplomate, qu'il n'avait
conservé aucune illusion sur le défaut
d'intelligence et de moralité de la plupart
de ses courtisans. « Je me deffie de tous
ces gens-ci, disait-il à Coligny ; l'ambition de Tavannes m'est suspecte ; Vieille-
ville n'aime que le bon vin ; Cossé est
trop avare ; Montmorency ne se soucie
que de chasse et volerie ; le comte de
Retz est *Espagnol* ; les autres seigneurs
de ma cour ne sont que des bestes et
mes secrétaires d'Estat, pour ne rien ce-
ler de ce que j'en pense, ne me sont pas
fidèles. »

Peu de temps après la Saint-Barthélemy, le jeune souverain, désireux de
donner à M. de Mesmes une nouvelle
preuve de confiance, le nomma, malgré
lui, Chancelier du Roi et de la Reine
de Navarre. Charles IX qui n'ajoutait
point une foi entière aux assurances de

dévouement de Henri de Bourbon, avait cru nécessaire de remettre l'administration de la fortune de ce prince entre les mains d'un homme d'un mérite et d'une honnêteté éprouvés. De Mesmes eût souhaité de pouvoir décliner une aussi périlleuse responsabilité, mais le Roi ne consentit point à revenir sur sa décision. « Il me força, écrit Henri de Mesmes, de prendre la charge du Roy et de la Royne de Navarre, ainsi que le contient le brevet du forcé commandement qu'il m'en feit, qui contient mes longs refus et contestations ; et le Roy desclara qu'il le vouloit et me le commanda absolument, et que c'estoit pour mettre poine de les retenir tousjours en son obéissance. »

Les finances de la maison de Navarre se trouvaient alors fort obérées. Il était impossible au Chancelier de porter remède à cet état de choses sans risquer d'exciter le mécontentement du prince, maintenu dans une ignorance complète du désordre de ses affaires par un entou-

rage intéressé à le tromper ; les revenus
ne dépassaient point 120,000 livres, et
les dépenses s'élevaient au moins au dou-
ble de cette somme. M. de Mesmes après
avoir vainement tenté de rétablir l'équi-
libre du budget de Henri de Navarre et
vu saisir une partie de ses propres biens
pour apaiser l'exigence des créanciers,
fut obligé de renoncer à la tâche ingrate
que le Roi lui avait imposée.

Charles IX était mort le 3o mai 1574 ;
Henri III qui avait quitté secrètement la
Pologne, rentrait en France, après avoir
visité une partie de la péninsule italique.
M. de Mesmes se transporta à Lyon pour
aller saluer le nouveau souverain qui
l'accueillit avec beaucoup de sympathie
et lui donna un témoignage spécial de
sa bienveillance en s'arrêtant une journée au château de Roissy. « *Je viens*, lui
dit le Roi, *vous quérir jusques en vostre
maison !* »

On peut aisément apprécier l'importance de la situation acquise par M. de

Mesmes ainsi que le respect commandé par son caractère, en voyant tour à tour Catherine de Médicis et Henri III faire auprès de lui tant d'instances pour assurer à leur gouvernement le concours de ses lumières et de son autorité ; le Roi ayant reconstitué le Conseil d'État sur de nouvelles bases, l'investit d'un des principaux offices de la compagnie et lui confia le soin de faire observer le règlement qui venait d'être établi. L'expérience consommée de M. de Mesmes en matière de jurisprudence, le désignait particulièrement pour remplir ces hautes fonctions administratives. Henri III, toutefois, avait résolu de l'attacher à un service spécial auprès de sa personne.

Dans le courant de l'année 1581, de Mesmes qui avait accompagné la cour à Blois, fut mandé un jour par le Roi. Ce prince, après lui avoir exprimé sa reconnaissance pour le zèle et la capacité qu'il apportait dans l'exercice de sa charge, lui annonça l'intention de l'employer désormais « en ses privez affaires. »

« Je demanday au Roy, dit Henri de
Mesmes auquel nous laissons ici la parole, si ce n'estoit pas assez de le servir en
son Conseil d'Estat avec charges ordinaires qu'il me donoit, n'estimant pas
avoir assez de suffisance pour, avec cela,
luy rendre encore autres services assidus
et particuliers et me deffendre de l'envie
que j'avois toujours eu au visage en le
servant. »

— « Il respondit qu'il se sentoit luy-
mesme bien souvent travaillé des mauvaises volontés, mais qu'il me doneroit
le moyen d'en bien venir à bout et que,
le servant ainsi, je bastissois une trop
grande fortune pour en craindre l'événement. »

— « Après qu'il se fut ouvert à moy des
affaires qu'il avoit à cueur, je luy dy :
« Souvenez-vous que *vous me faictes faire
le saut périlleux ;* mais cela ne m'cmpes-
chera pas de vous obéir avec toute fidélité. »

— « Il trouva ce mot de *saut périlleux*, un peu *nouveau*, car, le luy ayant répété trois jours après, il répliqua soudain : « Vous me l'avez déjà dict ; pourquoi dictes-vous cela? »

— « Pour ce, dis-je, que desjà on escoute quels commandemens je reçoys ici de vous et quels peuvent être les subjects de si estroictes conférances. Aussy on en pensera avoir descouvert quelque chose ; sy on ne peut s'opposer à vos volontés, pour le moins on ne m'espargnera pas, et peut estre serez vous aussi peu soigneux de me conserver que j'auray esté (soigneux) de vous bien servir. »

— « Lors, il luy pleust de me faire *grands sermants* de sa constance et déterminée protection et amitié, qu'il me promettoit *avec plus d'asseurance qu'il n'en fault pour persuader un plus grand philosophe que moy*, et adjousta deux fois ce mot « *qu'il n'auroit jamais un pain où je n'eusse pas la moitié.* »

— « Que pouvois-je, sinon luy obéir? Et,

certes, il n'y avoit en moy ny ambition
ny autre cupidité : *ce sont, ce dict-on,
les fléaux des grands esprits : aussy je
me resjouis que le mien n'est pas grand!* »

Depuis que Catherine de Médicis était
venue chercher Henri de Mesmes dans
son hôtel de la rue de Jouy, treize années
s'étaient écoulées, pendant lesquelles il
avait acquis une connaissance trop pro-
fonde des intrigues de cour pour ne point
redouter de se voir engagé dans des liens
aussi peu compatibles avec ses habitudes
d'indépendance. Mais le Roi qui sortait
rarement d'une froide et hautaine réserve,
avait fait le *serment* de partager avec lui
son dernier morceau de pain. Si l'on songe
au prestige alors exercé par la personne
du souverain, on comprendra facilement
l'effet que devait produire une marque de
sympathie aussi exceptionnelle. M. de
Mesmes avait cédé jadis aux représenta-
tions de la Reine mère ; la seconde défaite dont il nous fait spirituellement le
récit. n'eut pour cause que les instances

affectueuses de Henri III. Il consentit,
une fois encore, à sacrifier son repos au
bon plaisir de ce prince qui devait si mal
récompenser sa fidélité. Loin de conserver, d'ailleurs, aucune illusion sur le sort
qui l'attendait tôt ou tard, de Mesmes
tient à montrer au Roi qu'il connaît le
prix de ce qu'il abandonne et la vanité
de ce qui lui est offert. Henri de Mesmes
avait l'âme trop haute et trop sincère
pour imiter ces parvenus qui, dès qu'un
hasard heureux leur livre le pouvoir,
croient trouver dans leurs seules lumières un préservatif assuré contre les revi-
rements de la fortune ; il se plaît, au
contraire, à dire et à répéter à Henri III
qu'il lui fait faire *le saut périlleux.*

« Tant y a, écrit-il, que me voilà, de
ce jour, asservy à une incroyable poine,
mais encores avec plus d'affection que
de subjection. Je puis dire sans mentir
que *les conseils et les volontés se prenoient
sans moy :* on se servoit seulement de
mon advis à l'exécution. Dieu soyt loüé,

je tirois, à mon pouvoir, les choses résolues *au pied de la raison*, et certes je y trouvois le Roy fort enclin. » On voit que de Mesmes remplissait auprès du prince des fonctions analogues à celle de Secrétaire et de Conseiller intime. Il décline toute responsabilité dans les décisions adoptées ; son rôle se borne à en tirer le meilleur parti possible au point de vue du bon sens et de l'équité.

« Le Roi voulut, en outre, ajoute de Mesmes, que j'eusse charge de la maison de la Reyne, ce qu'on appelle Chancelier en celles qui ont des terres. L'office de Conseiller au Parlement que vous, mon fils, tenez, me fut, lors, baillé pour 2,500 escus de prest, avec don du reste ; puys on m'assigna de ce prest. Il m'a fallu, depuys, bailler pareille somme pour en avoir rente. *Vous croirez*, ajoute de Mesmes, *comme de moy à vous, qu'en toute cete vie, je ne souhaitois autre bien que la maison ;* et de cette faulse félicité que les autres vont recherchant, je n'ay jamais

gousté plus grand fruict que le mépris
d'icelle. Je discourois en moy mesme
combien la bone grâce d'un si grand
prince aporte avec soy de faveur et de
tremeur [1], *et me sembloit que c'estoit bien
proprement parler quand les employs
près de tels Roys s'appellent les grandes
charges!* Et, comme *aucuns, ayant le Roy
pour eux n'ont peur de rien, moy j'avois
peur de tout*, et l'ordinaire compaigne de
de la grande fortune m'estoit la grande
crainte. »

Cette page est, à notre avis, l'une des
plus remarquables des Mémoires de
Henri de Mesmes. Le magistrat avait
alors atteint l'apogée de sa carrière politique ; sa situation privilégiée faisait beaucoup de jaloux : « *Plusieurs*, dit-il, *mettoient poine de m'avoir pour amy.* » Toutefois, malgré cette brillante fortune, il
se prend encore à regretter les jours heureux et tranquilles où le bonheur domes-

[1] Crainte, frayeur.

tique était le seul but de ses préoccupations : rien ne lui peut faire oublier que sa place est vide au milieu des siens. Le séjour de la cour est devenu pour lui un intolérable exil ; il est atteint de la nostalgie du foyer: « *En toute cete vie*, dit-il, *je ne souhaitois que la maison !* »

Cet aveu qui échappe à M. de Mesmes est intéressant à signaler ; il démontre que les caractères les plus fortement trempés ne sont pas toujours unis aux âmes les moins tendres, et qu'il n'est point de période si vicieuse, si troublée qu'elle paraisse, qui ne nous puisse offrir quelques-uns de ces élans spontanés permettant d'établir une étude comparée entre les tendances de l'esprit public et l'expression du sentiment particulier d'un contemporain. Malheureusement, la plupart des historiens, aveuglés par un sentiment d'orgueil, se sont bien gardés de nous révéler ce côté trop humain des choses qui leur a semblé contraire à la dignité de leur temps. M. de Mesmes sut

se prémunir contre une faiblesse commune à beaucoup d'hommes supérieurs :
il a dédaigné de prendre une attitude héroïque en vue de laisser de lui un por-
trait plus grand que nature. N'écrivant
que pour son fils, il aurait cru trahir sa
confiance en ne se peignant pas tel qu'il
était. Henri de Mesmes n'a jamais songé
que le manuscrit où il avait retracé l'histoire des vicissitudes de son existence pût
quitter un jour les rayons de la bibliothèque de famille. C'est à cette conviction que nous devons, sans doute, le
charme intime et familier de ces pages
pour ainsi dire palpitantes de la vie d'au-
trefois.

Un courtisan assuré de l'approbation
du souverain se croit tout permis. M. de
Mesmes, au contraire, craignait toujours
que la faveur dont il jouissait ne vînt à
obscurcir en lui la notion du juste et de
l'injuste. « S'il eust eu moins de qualités,
écrit Le Laboureur, ou bien s'il eust tesmoigné moins d'attachement au service

du Roy, c'est-à-dire à ce service qui ne regarde que la gloire du maistre et le bien de ses sujets, il auroit eu moins d'ennemis. Mais sa vertu estoit suspecte, dans le dessein qu'on avoit de brouiller de telle sorte les affaires de ce prince qu'on pût disposer de sa succession, et on ne vouloit auprès de luy que des personnes qui songeassent plustost à proffiter qu'à mettre remède au désordre du gouvernement. »

Nous avons vu M. de Mesmes prédire sa propre disgrâce à Henri III, au moment même où ce prince le comblait de témoignages d'estime. « Quand on faict ce qu'on doit, disait-il, il faut attendre des Roys ce qu'il leur plaist. » Il ne fut donc nullement surpris du coup qui l'atteignit au bout de quelques mois. Nous nous garderons bien de substituer une analyse au curieux résumé que de Mesmes a tracé de son entretien avec le Roi, le 17 janvier 1582. On sent qu'on assiste ici à une de ces scènes d'histoire vraie dont il nous est trop rarement permis d'être témoins.

Dès que Henri III vit entrer M. de Mesmes dans son cabinet, il lui déclara « qu'il n'avoit pas contentement de ce que ses privez affaires n'aloient come il désiroit. »

— « Je luy dy soudain, écrit le diplomate : Vous a-t-on dict, Sire, que j'en aye gasté quelque chose ? Y a-t-il plainte de moy devant Vostre Majesté ? Dictes-le moy, s'il vous plaist, car je vous esclairciray avant partir de cette posture où je suis (il s'était agenouillé aux pieds du prince) ; et si, après ma deffense, vous me trouvez coupable, je ne vivray plus une heure après. J'ay trop de cueur et de fidélité pour vivre une heure après vous avoir offensé par ma faute ! »

— « Il me dict : « Devinez de cela ce que vous pourrez, je ne vous en diray jamais rien ; mais *il y a quelques uuicts que je ne dors point.* »

— « Je vois bien, dis-je, que vous trou-

verez bon que je me retire en ma maison. »

— « Oui, reprit Henri III, vous ferez
bien de ne venir icy, en mon cabinet, ny
chez ma femme ; quant au Conseil, il y a
assez d'icy en septembre pour vostre
quartier. »

— « Lors je vis bien, dit M. de Mesmes,
que c'estoit une chose concertée et que
la partie en estoit faicte ; par quoy, je
mis un genou en terre et luy dy : « Sire,
je vous supplie, en l'humilité que peut
un très-humble subject, *rendez moy la
justice que doibt un bon Roy !* Sy je n'ay
point faict de mal, je ne doys estre condamné : si j'en ay faict, c'est trop peu.
Dictes-moy de quoy on m'accuse ; non
seulement je me justifieray, tout maintenant, ains vous prouveray soudain la
faulseté et mensonge de l'accusateur. »

— « Rien pour cela ; ains seulement je
ne vous diray autre chose. Levez-vous et
vous en allez quand il vous plaira. »

— « Ce colloque, ajoute de Mesmes,

6

fut un peu plus long, mais c'est la substance, et tant modéré qu'en la mauvaise
impression je connaissois que son bon
naturel et mon innocence combattoient
contre ce qu'on luy avoit faict promettre ;
et eust esté malaysé de discerner sy avec
plus de regret je le laissois où il me perdoit. »

L'habile diplomate qui connaissait
parfaitement le caractère du Roi, se servit de ce sentiment de regret qu'il avait
réussi à exciter en lui pour arriver à découvrir l'auteur de sa disgrâce. Quelques
courtisans jaloux l'avaient-ils calomnié ?

— « *Si ce n'estoient que serviteurs*,
reprit Henri III, *je ne me mouverois
pas !* »

Ce mot fut un trait de lumière pour
Henri de Mesmes ; il venait d'avoir, quelques jours auparavant, un entretien avec
Catherine de Médicis, jalouse de tous
ceux qui possédaient quelque autorité sur
son fils : cette princesse devait l'avoir
desservi auprès du Roi.

— « C'est donc la Reyne vostre mère ! » s'écria de Mesmes.

Henri III se trahit aussitôt ? « Devinez ce que vous luy avez peu dire ! »

— « Je luy dy soudain un propos entre elle et moy, tout bon et à l'advantage d'eulx deux. »

Il respondit : « N'y a que cela ? »

— « Je dy : « Non, sur ma vie ! »

— Allons, reprit le Roy, je le luy diray devant vous et le maintiendray. »

— « Soudain je me levay et dy : « Adieu, Sire. »

— « Adieu M. de Roissy... Jamais home n'a eu de moy tant de privauté et jamais n'aura ! »

— « Je n'en ay, dy-je, pas abusé et vous ay gardé fidélité. »

C'est ainsi que Henri III se sépara de ce conseiller plus honnête homme que zélé courtisan. « Pour lors, dit-il à son fils, je n'en sceus pas davantage, et m'en croyez : il n'y a ici personne pour me faire jurer ! »

M. de Mesmes recueillit, quelque temps
après, des informations plus sûres et plus
complètes sur les causes du discrédit dont
il avait été si soudainement frappé. Son
pressentiment ne l'avait pas trompé : c'é-
tait bien Catherine de Médicis qui l'avait
perdu dans l'esprit de Henri III. « En fin
de l'année mesme 1588, dit-il, j'ai esté sy
heureux que d'apprendre d'un de mes amys
ce qu'il avoit appris de plus haut et bien certainement, sur l'histoire de la rupture
du Roy et de moy, de laquelle Dieu sçait
que jamais je n'avois peu apprendre les
occasions ny de luy ny d'autre. Et ce m'a
esté singulier contentement de le sçavoir,
pour ce que j'apprends tant mieulx par
là que ç'a esté sens ma faute, et sens aucun suspeçon, contre moy, de négligence
ou d'infidélité. Aussy aurois-je plus cher
d'estre mort un an devant que d'estre
tombé en telles fautes ! »

La Reine mère n'avait jamais pardonné
à M. de Mesmes la part qu'il avait prise
à la rédaction des articles du contrat

de mariage du duc de Joyeuse avec
la princesse Marguerite de Vaudemont,
sœur de la Reine; elle avait voulu
voir un acte d'hostilité contre son crédit dans ce fait, simple conséquence des
fonctions de Henri de Mesmes. Catherine, saisissant la première occasion qui
s'offrit pour satisfaire sa vengeance, déclara à son fils que le bruit des dissenti-
ments qui s'élevaient entre eux commen-
çait à devenir public ; elle ajoutait que
M. de Mesmes lui avait offert sa média-
tion pour négocier un accord dont il se
vantait d'avance de pouvoir assurer le
succès. Henri III avait aussitôt rapporté
ce propos perfide à ses favoris. Le duc
d'Epernon lui avait conseillé de congé-
dier sans délai M. de Mesmes qui, disait-
il, cherchait « à tenir le pied à plus d'un
estrié[1] ; » Joyeuse, de son côté, s'était
bien gardé d'exprimer une opinion contraire, « pour ce qu'il faisoit gloire d'estre

---

[1] Etrier.

bien avec le Roy et tendre droict là, sans regarder à costé ny mère ny femme. » Ainsi que l'avait prévu Catherine, le diplomate fut condamné sans être même admis à présenter sa justification.

Lorsqu'il eut quitté le Roi, Henri de Mesmes alla prendre congé de la Reine Louise de Lorraine qui ne put s'empêcher de verser des larmes, « *pour ce qu'elle sentoit perdre un fidèle serviteur ;* » puis il rentra chez lui, dégagé de tous les liens qui l'attachaient à la cour : « Me voilà, dit-il, hors du *Livre de vie!* »

D'odieuses calomnies poursuivirent Henri de Mesmes jusque dans sa retraite. L'heure de la disgrâce d'un homme de bien est en même temps l'heure de la revanche pour les âmes basses et viles qui n'ont pu noircir sa vertu dans l'éclat de la prospérité. De Mesmes dédaigna de réfuter les dénonciations d'adversaires qu'il ne jugeait dignes que de pitié ; il crut devoir, toutefois, opposer un démenti formel aux imputations dirigées contre lui par la Reine mère et qui lui semblaient de nature à atteindre sa réputation d'*honnête homme*, c'est-à-dire d'homme de goût et de bonne compagnie. « Je ne fus jamais sy jeune et sy malappris de me vanter de sçavoir mieulx appointer une mère et un fils que le devoir de la charité de l'une et de l'obéissance de l'autre... Il me souvient, ajoute-t-il, qu'il y a seize ans que la Reyne mère, revenant de la messe, accompaignée de toute la cour, *jetta* Monsieur dans une chambre et nous y fist entrer, le mareschal de Biron et moy, seuls, et garder la porte par une dame à qui estoit la chambre. Soudain, elle se mit à tanser Monsieur, et nous appelloit tous deux à tesmoings et aides à son courroux. *Nous ouysmes, sans plus, mais nul n'ouvrist la bouche pour parler ny bougea ou l'œil ou la teste ou l'espaule pour donner une seule signifiance de sa pensée*, ains restasmes comme statües, indifférentes et immobiles et du tout neutres. Je n'estoys ny

changé depuis ni asoty[1] pour apporter
moins de prudence et de circonspection
entre le Roy et elle, et je le croys, s'il luy
plaist, s'il ne m'a pas conseillé plus d'une
foys de la voir plus souvent, lorsque je
lui estois *intrinsèque*[2], et moy : « C'est
assez, Sire, de la voir, par moys, de deux
ou trois jours l'un, s'il vous plaist, luy
monstrant que je ne pensois devoir, lors,
faire autre cour qu'à luy... Tant y a, dit-
il, qu'en tout cela il ne peut (y) avoir rien
du mien. Il n'est pas tousjours au pouvoir des gens de bien de plaire à ceulx
pour qui, souvent, ils desplaisent à beaucoup, et quelquefois à eux-mesmes... Le
jugement du Roy que je viens de dire, fut
ainsy doné le 17 janvier 1582, jour depuys
vrayment fatal en fortune pour la France,
comme il parut en Anvers au période de
son an courant[3]. Jà ne me tiens-je pour
tel que mes playes soyent pour saigner

[1] Privé de sens commun.
[2] Voué exclusivement à son service.
[3] Anniversaire.

jusques au bout de l'an, ny que les aspects des astres doivent régler leurs retours sur les accidents de mes influences,
jaçoit qu'on ayt quelquefois veu ramener
aux homes, dans semblables termes, les
effects de la main de Dieu. Mais je dy,
avec les sages, que la fortune est commune à tous ceulx qui mangent des fruicts
de la terre ; et quoique le renvoy[1] sur
mon mal ne soit que rengrègement[2] d'a-
mertume, si m'est-ce certaine reconnois-
sance de ce grand œil qui tout voit que,
l'an révolu, et au mesme jour et heure et
au moment de ma briève sentence, plus
puissans que moy furent, eulx-mesmes,
condemnés et punys, à leur tour, sens estre
ouys en leurs deffenses, couvrant d'une
longue et publique ruyne les masures
entr'ouvertes de ma petite cahuete[3]. »

En effet, le jour anniversaire de la disgrâce de M. de Mesmes, le duc d'Anjou

[1] Retour.
[2] Accroissement.
[3] Cahute, chaumière.

subit, à Anvers, une déroute complète
qui le força d'abandonner le territoire
des Flandres et lui fit perdre la souve-
raineté des Pays-Bas. Si l'on en croit
l'historien Pierre Mathieu, une grande
part de responsabilité incombe à Catherine de Médicis dans cet inexcusable coup
d'Etat appelé par les contemporains « la
folie d'Anvers. » François de Valois s'étant
plaint, à diverses reprises, de ne plus recevoir de subsides de la cour de France,
la Reine mère, écrit Mathieu, lui manda,
peu de temps avant l'événement, « qu'il
ne debvoit attendre aucun secours d'elle
ny du Roy ; qu'il estoit comme l'oiseau
sur la branche et sortiroit de ce pays, avec
autant de regret que l'archiduc Mathias y
avoit receu de honte et de desplaisir...
Quand ils auront tiré de vous le verd et
le sec, ajoutait la Reine mère, ils vous feront de mesme, et vous chasseront, pauvre, déshonoré et nécessiteux. *Que si vous*
aviez cinq ou six bonnes villes entre les
mains qui vous feussent bien asseurées, et

par lesquelles le passage feust ouvert pour aller et venir là où vous estes, je croy que le Roy mon fils pourroit entendre à vous donner secours, pour le désir qu'il a de veoir vostre fortune establie ; autrement, n'espérez pas, sur un fondement incertain, pouvoir tirer secours de luy[1]. »

Ce récit confirme pleinement les allusions discrètes de Henri de Mesmes. Catherine fut donc directement frappée par l'échec de la tentative aussi déloyale qu'impolitique qu'elle avait poussé son fils à entreprendre en pleine paix, au mépris de toutes les conventions, et qui coûta la vie à quinze cents Français. Après avoir signé, à Dendermonde, le 26 mars 1583, un traité qui consacrait sa déchéance, François de Valois revint mourir en France, abreuvé d'humiliations et de remords.

En abandonnant la vie publique, Henri de Mesmes éprouva l'impression d'un

[1] *Histoire de France* de Pierre Mathieu.

véritable soulagement. Fort de son innocence, heureux d'avoir recouvré sa liberté, dégagé enfin de toute préoccupation
personnelle, il ne se montrait affligé que
de la triste situation de la France. « **Me**
voilà, dit-il, une heure après chez moy,
franc des accoutumez labeurs, franc de
passion, content d'avoir mon ordinaire
souhait, qui estoit d'une vacation et repos
pour la fin de mes jours, sinon avec
les bones grâces que je désirois, au moins
avec mon innocence certaine et congrue,
comme j'estime, par tous les gens de
bien. Je voyois approcher la ruyne de ce
royaume ; je la sentois desjà sur nos
testes ; je disois : « ce qui m'est advenu,
adviendra bientost à plusieurs : mon désastre présent devancera de peu de moys
ou, pour le plus, de peu d'années le désastre public. *De plus grands maux se
préparent, de plus tristes accidens nous
menacent, nous pressent, nous talonent,
nous commandent ou de retenir nos pleurs
ou de les garder pour eulx.* »

L'état du pays inspirait les plus funestes prévisions à tous les bons esprits. Le pouvoir ne se manifestait plus que par des abus et par des exactions. Les honnêtes gens, partout persécutés avec un acharnement extrême, étaient dénoncés, dépouillés des offices qu'ils occupaient et remplacés par d'avides subalternes dont la convoitise avait su capter les bonnes grâces des favoris du jour. Ceux-ci disposaient à leur gré de toutes les charges qu'ils vendaient au plus offrant : « Il falloit, dit Davila lui-même, non seulement les courtiser et les servir quelquefois au delà de leur condition, mais souvent mesmes les gagner à force d'argent. » L'expérience et l'intégrité étaient devenues des causes d'exclusion et de disgrâce. Les fonctionnaires, privés de toute initiative, n'étaient plus que des instruments passifs et inconscients, tour à tour sacrifiés à des successeurs plus complaisants et plus serviles.

Henri de Mesmes ne pouvait donc que

se féliciter des circonstances qui l'éloi-
gnaient d'un milieu aussi indigne de lui.

« Après avoir remercié Dieu, dit-il,
adverty ma femme, receu et honoré leurs
complimens des Princes et Princesses
et de plusieurs seigneurs de mes amys,
je me résolus d'embrasser gaiement cete
vie privée, mais non plus oisive; me plonger
profondément dans les estudes des bones
lettres et libérales disciplines auxquelles je
me sens plus né que norry, m'envelopper
dans ces belles munitions de l'âme, couvrir mon esprit des galions de la raison
et constance, afin que la douleur ne peut
entrer dedans moy au deffaut du harnois.
Voilà come j'ai vescu depuys. »

La retraite de M. de Mesmes, ainsi que
celle de tout homme de sens et d'esprit,
devait être consacrée à l'étude et à la
méditation. Il avait alors environ cin-
quante ans. Après avoir, pendant près de
trente années, dépensé tout ce qui lui
avait été donné de forces et de talents au
service d'autrui, il allait enfin pouvoir

appliquer ces dons précieux à des travaux
dont rien ne viendrait plus troubler le
paisible cours. Ainsi que la plupart
des natures vraiment supérieures, Jean-
Jacques de Mesmes professait un véritable
culte pour les beaux-arts. Il avait ras-
semblé avec un soin jaloux non seulement des livres, mais de nombreux objets
précieux par leur valeur ou par leur
antiquité. Henri de Mesmes qui par-
tageait ces goûts délicats, accrut encore
les collections que son père avait formées.
Il fit rechercher en Italie et en Belgique
les éditions rares et les manuscrits Grecs,
Latins, Arabes, Coptes ou Arméniens
qui pouvaient s'y rencontrer, et composa
ainsi une bibliothèque qui, de l'aveu de
Passerat[1], de Turnèbe, de Marsile, de

---

[1] V. les vers de Passerat intitulés : « *In bibliothecam Henrici Mesmii* » dans ses *Kalendæ Januariæ*, Paris, in-8°, 1597. Pendant son séjour
à l'hôtel de Mesmes, Passerat fit un cours de
droit sur le titre *de verborum significatione* des
Pandectes ; à la mort de Ramus, il obtint la
chaire d'éloquence au Collége Royal. Passerat

Fauchet, de Sainte-Marthe[1], devint bientôt l'une des plus célèbres du monde entier[2]. Après la mort de Louis Chaduc,

était l'un des poëtes français et latins les plus goûtés de son temps, et c'est à lui qu'on doit attribuer la plupart des vers qui se trouvent dans la *Satyre Ménippée.* Il mourut en 1602 et fut enterré dans l'église des Dominicains de la rue Saint-Jacques. Le fils de Henri de Mesmes, Jean-Jacques, qui avait été l'élève de Passerat, lui fit ériger en 1603 un mausolée où sa reconnaissance envers son maître était consacrée par cette inscription : « *Johannes Jacobus Memmius Err. F. J. Jac. nepos, supp. libell. in Reg. Magist. discipul. praecept. kariss. monum. de suo faciendum curavit.* » On grava sur la tombe du poëte les vers suivants qu'il avait pris soin de composer lui-même pour son épitaphe :

> *Hic situs in parva Janus Passertius urna*
> *Ausonii Doctor regius eloquii.*
> *Discipuli memores, tumulo date serta Magistri,*
> *Ut vario florum munere vernet humus.*
> *Hoc culta officio mea molliter ossa quiescent*
> *Sint modo carminibus non onerata malis.*
> *Veni, abii : sic vos venitis, abibitis omnes.*

[1] V. *Scaevolæ Sammarthani lucubrationum pars altera qua continentur Gallorum doctrina illustrium qui nostra patrumque memoria floruerunt, elogia.* In-12, Augustoriti Pictonum, 1606. *Henricus Memmius,* p. 209.

[2] Henri de Mesmes ne se considérait que

Conseiller au présidial de Riom, il acquit
le cabinet de ce magistrat qui possédait
des médailles d'un inestimable prix. De

comme le dépositaire des merveilles typographi-
ques qu'il possédait. La libéralité avec laquelle
il les communiquait aux savants est affirmée
avec autant de gratitude que d'autorité par Denis
Lambin, dans la préface des *Commentaires sur
Cicéron* qu'il dédia à de Mesmes ; il ajoute qu'il
lui doit la meilleure partie de son ouvrage : « *Tu
vero, quam habes omni librorum et calamo des-
criptorum et typis impressorum genere instruc-
tissimam ac refertissimam impensoque emtam
bibliothecam, eam ita omnibus nostri ordinis ho-
minibus patefacis, ut non tibi sed omnibus com-
parasse videaris. Ex ea, enim, antiquissima et
fidelissima depromta exemplaria cum iis libenter
ac jucunde communicas, quos exploratum habes
et posse et velle fructus inde decerptos reip. im-
pertire. Neque vero veteres solum tuas membra-
nas ad communem omnium et publicam utilitatem
confers, sed etiam auctoritate et gratia tua, qui-
bus in primis flores assequeris, ut si qui fortè
antiqua aliqua habeant exemplaria quorum simi-
lia alia habeas, aut etiam non habeas, ipsi ultro
aut certe ad te admoniti et rogati, ad te deferant,
ut vel iis utare pro tuis, vel eorum testimonio
tuorum fides confirmetur... Ciceronem autem nos-
trum ; hoc est tuum et meum : tuum quia primum
te auctore et impulsore, deinde te adjutore et
libros optimos ad rem conficiendam suppeditante,*

Mesmes retrouva avec joie ces trésors
dont il avait été trop longtemps privé. Il
s'empressa d'appeler de nouveau auprès
de lui les hommes d'élite qui formaient
son entourage habituel et prit lui-même
part à leurs travaux. « M. de Roissy
n'estoit pas seulement l'un des plus
sçavants, dit Jean Le Laboureur, mais il
estoit l'amour et les délices des sçavants
de son temps, parce qu'il les chérissoit
et qu'il les favorisoit de tout son crédit
et le plus encore parce qu'il contribuoit,
de sa rare érudition, de ses conseils, à
la perfection de leurs ouvrages. »

*in hanc voluntatem curamque incubui ; meum quia
assiduitate, diligentia, perseverantia, labore, opera
et fortasse etiam aliquo in his litteris usu ac judicio, rem susceptam ac receptam ad exitum per-
duxi... Hoc igitur totum, quantum quantum est,
qualecumque est, Memmi, ex animo tibi, ut debeo,
dono ; quod abs te profectum est quodque tuo bene-
ficio hic renovatus et veluti positis novus exuviis
consecutus est Latinorum præstantissimis orator
idemque philosophus : id tibi, bona fide, reddo.* »
(*Commentaires sur Cicéron* de Denis Lambin,
Paris, Rouille, 2 vol. in-4°, 1566, p. 1.)

Henri de Mesmes trouva dans le sentiment de sa liberté reconquise, de pures
et vives jouissances que les honneurs de
la cour ne lui avaient jamais fait goûter.
Les jalousies et les vengeances dont il
n'avait naguère que trop de sujet de
redouter les conséquences, ne pouvaient
plus l'atteindre ; les craintes et les scru-
pules qui l'assiégeaient s'étaient évanouis.
Il remerciait la Providence d'avoir brisé
des chaînes dont il lui eût été impossible
de se dégager lui-même. « En ce nouveau
repos, dit-il, libre d'envie et de passion,
*franc de tout labeur, fors de celuy que
j'employe à la culture de mon jardin et de
mon esprit*, Dieu m'a faict beaucoup de
grâces que je tiens plus chères et plus
précieuses que l'agitation continuelle des
flots de la cour, en ses meurs tant corrompues, tant *maritimes*[1], où souvent on
pérille[2], toujours on tremble. Première-

[1] Soumises à autant de fluctuations que les
eaux de la mer.
[2] On court des périls.

ment, il m'a doné tant de résolution et
de fermeté de cueur que, non seulement
je mesprise et desdaigne cette inconstante
et muable Fortune qui guette et heurte
volontiers les meilleurs et le plus souvent
et le plus rudement, *furiant* sans discrétion, et tant plus à redouter quand plus
elle se présente à nostre gré, mais encores
je n'ay senty une seule poincte de ses
assaults. Je ne me suis ny esmeu de son
partement d'avec moy, ny empesché
pour la rappeler, faisant estat que, *si j'ay
perdu des moiens qui sembloient avoir de
l'advantage et ornement beaucoup, j'en
ay acquis qui, à la vérité, ont plus d'honeur
et plus d'allégement.* »

Loin de se poser en censeur intolérant
et atrabilaire, M. de Mesmes qui n'aurait
eu pourtant que trop de raisons pour mé-
priser ou pour haïr ses contemporains, prit
la sage résolution de suivre « *gaiement* »
la voie qui lui était désormais tracée.
Il ne voulut conserver au fond du cœur
aucun souvenir amer ou douloureux du

passé. Les plus cruelles souffrances phy-
siques ne parvinrent pas à altérer sa séré-
nité. Atteint d'une ophthalmie qui le
priva en partie de la vue, il ne proféra
jamais ni une plainte ni un murmure.
M. de Mesmes nous a confié le secret de
cette force d'âme qui fit l'admiration de
ses contemporains. Son courage trouvait
sa source dans des principes bien supérieurs à ceux qui inspirèrent le fameux
défi du stoïque Caton. « Je me maintins,
dit-il, en une constance sy obstinée qu'on
n'a jamais veu, en six moys de douleurs,
ny une larme de moy ny ouy un seul gé-
missement ; non pour me bander sy avant
que celuy qui disoit : « *Tu ne sçaurois
faire maladie, que je confesse que tu soys
douleur* », mais résolu, par la grâce de Dieu
et par mes estudes, et recognoissant
que ce ne seroit la raison, à nous qui sommes mortels, si nous ne pouvions souffrir
rien de mortel soyt en nos corps ou en nos
fortunes. Voilà le premier point en quoy
je recognois que Dieu a bény ma vie privée

et repos caché, c'est en ce qui touche mon âme et mon esprit et toute l'habitude de ma personne. Encore m'a-il voulu rendre contant en ce qui est le plus près de moy, qui estes vous, mon fils, à qui j'ay veu, en peu d'années, advenir trois contentemens de prospérités mondaines les plus désirables, selon les souhaits des homes. L'un est vostre réception au Parlement en l'office de Conseiller en iceluy, qui fut dez le moys d'aoust 1583, avec honeur, encore que ce fut en aage qui vous eust peu excuser. L'autre, vostre heureux mariage, au mesme jour de l'an révolu, avec une damoyselle d'honeur, de bon lieu, de force et santé autant que l'eussions peu désirer. Le tiers[1], une belle lignée, dont elle vous a accreu et fortiffié, de deux beaux garçons en mars 1586 et en juin 1587, puys d'une fille en octobre 1588, ausquels Dieu veuille donner les grâces de ressembler à leurs père et mère et bisaïeuls. »

[1] Le troisième.

L'énumération de toutes ces joies de
famille nous montre combien les préoccupations de M. de Mesmes étaient
devenues étrangères à toute ambition
politique. Sous l'influence bienfaisante
de cette vie paisible, l'ancien Podestat
de Sienne, l'ami du Chancelier de L'Hospital, le négociateur du traité de Saint-
Germain, s'était transformé en patriarche.
Détournant ses yeux des choses du
monde, il ne s'attachait plus qu'à donner
aux siens le mémorable exemple d'une
vieillesse vouée aux pures jouissances du
travail et sanctifiée par l'exercice de toutes
les vertus. Henri de Mesmes accepte les
épreuves de la vie en philosophe, en chrétien et c'est par des actions de grâces qu'il
termine ses Mémoires. « Dieu, dit-il,
nous a préservés contre la rude et mauvaise Fortune ; elle nous a ravallez [1], mais
c'estoit elle qui nous avoit haussez : encore
ne nous a-elle pas jetez à val, ains a sou-

[1] Abaissés.

tenu nostre cheute des malins [1] qui nous
renversoient. Elle nous a posez en terre,
sur pieds, doucement, come pour empescher que le coup de la cheute ne nous
froissast. Je partiray [2] ce mauvais accident avec beaucoup de gens : et, puysqu'il
y en a tant qui y partagent avec moy, ma
part du gasteau en sera tant plus petite.
Ce seroit à moy trop de répréhension de
ne sçavoir les jeux de la variable Fortune,
et autant d'imprudence à ne les sçavoir
supporter. Les fous en partent saouls,
les sages sont tousjours saouls d'y vivre ;
elle n'atend pas de remplir nos apétits :
elle assouvit, quand il luy plaist, le sien. »

Cependant la guerre civile sévissait
avec plus de violence que jamais. Le faible
monarque qui avait méconnu la fidélité
des plus désintéressés de ses conseillers
fut réduit à fuir la capitale insurgée ; la
déchéance de Henri de Valois ayant été

[1] Des méchants.
[2] Je partagerai.

proclamée, la maison de Lorraine se vit
investie du pouvoir qu'elle avait depuis
longtemps convoité. Un jour, pendant le
siège de Paris, un projectile lancé par
une main inconnue vint faire explosion
dans la chambre à coucher de M. de Mesmes qui fut blessé par plusieurs éclats[1].
Les fureurs des factions n'épargnèrent
donc même point les murailles sombres
de ce vieil hôtel où l'existence d'un sage
s'achevait dans l'isolement et dans l'oubli.

[1] Passerat a consigné dans les vers suivants le
souvenir de l'intrépidité de son protecteur :

IN PILAM ÆNEAM QUÆ, PERRUPTO UTROQUE CUBICULO HENRICI
MEMMII EUM QUOQUE DISTRINXIT, CUM LUTETIA OBSIDERETUR :

Tormenti increpuit nuper cum terror aheni
  Immanique Lares contremuere pila
Perstrinxitque sinus et pectora summa sedentis
  Fulminei nubes pulverulenta mali
Quis tibi non timuit, nisi tu, discrimine tanto ?
  Aonii pallor venit in ora chori.
E digitis Phœbi recidit lyra curva remissis :
  Delapsa est trepida Palladis hasta manu.
Quam pene Elysias, Memmi, modo vidimus umbras
  Cumque tua absumpta est nostra salute salus ?
Insidias cæcæ laqueosque et retia sortis
  I, spera humanum posse cavere genus :
Ut terræ effugias. vastique pericula ponti
  Aerias carpunt ferrea fata vias.

                    (*Kalendæ Januariæ*).

L'ardent patriotisme qui avait toujours animé Henri de Mesmes, lui faisait ressentir très-vivement les cruelles épreuves réservées à son pays ; la mort de ceux qu'il avait aimés lui causait presque un sentiment d'envie ; il ne souhaitait plus que d'aller les rejoindre pour échapper au douloureux spectacle de tant de calamités. « *Ce grand citoyen,* écrit Scévole de Sainte-Marthe, *si jaloux de l'honneur du nom français, fut mortellement atteint par les malheurs de sa patrie.* » Il n'eut pas le temps de jouir des bienfaits du règne de ce prince justement populaire, dont l'épée victorieuse rendit à la France pacifiée le rang qui lui était dû dans le concert européen. Le 1er août 1596, Henri de Mesmes, âgé de soixante-quatre ans, quitta sans regrets et sans angoisses l'existence qu'il avait supportée sans faiblir[1]. Le but qu'il s'était tracé en écri-

---

[1] Passerat composa l'épitaphe suivante pour Henri de Mesmes :

vant l'histoire de sa vie fut rempli au delà
de ce qu'il avait pu désirer. Les diploma-
tes, les savants, les jurisconsultes que la

I

Memmius hic situs est, veteris gloria gentis
Deliciæ Phœbi Pieridumque decus.
Si quid opus titulis, summos ascendit honores :
Cultum erat eximiis artibus ingenium,
Non veræ virtutis egens : maturus et ævi
Unam ac bissenas vidit Olympiadas.
Non obiit qui sic obiit : manet atque manebit
Fama, usque Aonio concelebranda choro.
Jure ergo ante omnes tellus hæc sacra superbit
Quod tanti cineres contegit una viri.

II

Memmius Henricus jacet hic : si cetera nescis
Quid legis hæc ? nota est littera nulla tibi.

(Kalendæ Januariæ.)

. Voy. également *Scævolæ Sammarthani lucu-*
brationum pars altera qua continentur Gallorum
doctrina illustrium qui nostra patrumque memo-
ria floruerunt, elogia. Henricus Memmius, p. 209,
in-12. Augustoriti Pictonum, 1606. Henri
de Mesmes laissa une fille, Judith de Mesmes,
et un fils, Jean-Jacques, le disciple de Jean Passerat, qui devint Conseiller au Parlement, Maître
des requêtes, doyen du Conseil d'Etat père
d'Henri II de Mesmes, de Jean-Antoine, seigneur
d'Irval et de Claude, comte d'Avaux. Mlle de Mesmes épousa M. de Barillon de Mancy, Conseiller
au Parlement ; leurs fils, MM. de Barillon et

maison de Mesmes a donnés à la France
ont prouvé par leurs actes qu'ils n'étaient
point indignes de celui qui avait porté si
haut l'honneur de leur nom. Ils ont péné-
tré le véritable sens de ces belles paroles de
leur aïeul que nous répéterons ici : « *Seulement ai-je remis par ordre ces petits
Mémoires, afin qu'en ramentevant le passé,
je me représente parfois les grâces que
Dieu m'a faictes et les maulx dont il m'a*

de Morangis, suivirent également la carrière de
la robe. C'est à Judith de Mesmes alors enfant,
que Jean Passerat dédia ces vers :

I

ÉTRENNES A JUDITH DE MESMES, SUR UNE ROSE DE SOYE :

Au milieu de l'hiver fascheux et mal plaisant,
Je vous offre une rose, agréable présent,
Et le devez aymer comme semblable chose.
Vous n'estes qu'un bouton : un jour vous serez rose.

II

A JUDITH DE MESMES, AGÉE DE SIX ANS :

Plus de vers vous méritez
Veu les grâces et beautés
Que le Ciel vous a données :
Mais blasmer ne m'en devez,
Ains dire que vous avez
Autant de vers que d'années.

*préservé, puys après moy, que vous, mon
fils, par la lecture de ma vie, vous aiés
un exemple domestique pour craindre
Dieu, suyvre la vertu et mespriser la Fortune.* »

Après la mort d'Henri Ier de Mesmes, les précieuses collections qu'il s'était plu à former avec tant de sollicitude, passè-rent entre les mains de son fils Jean-Jac-ques IV[1] qui, à son tour, les transmit à

---

[1] En 1606, Jean-Jacques de Mesmes ayant montré la bibliothèque de son père à Peiresc, ce dernier exprime en ces termes son admiration pour les trésors qu'elle contenait : « M. de Roissy, écrit-il, nous a monstré, dans sa bibliothèque, tout un quartier garny de manuscripts grecs dont il y en a une grande partie escrits de la main d'Angelo (Vergèce) lequel a este dix ans dans la maison de son grand-père, de qui il avoit 1200 livres de pension ; entre autres un Ælian in-8°, avecque les figures fort excellentes ; un autre Ælian en grand papier ou raisin avecque la version latine et italienne ; un ancien autheur grec de la Musique ; un intitulé πρωνος πνευματιχα avecque tout plein de belles figures concernant la conduite des eaux. En un autre quartier de sa librairie, il y a 60 volumes in-f° manuscripts de toutes les particularitez de l'histoire de France

Henri II de Mesmes, l'un des magistrats les plus instruits de son temps. Tallemant des Réaux déclare qu'il était

depuis les troubles et mesmes les histoires des autres pays du mesme temps ; tout plein d'autres volumes in-f° composés de *diversi scartaffaccii* (paperasses) concernant seulement ce qui est des belles lettres et tout cela est rempli de rares poésies, épistres et autres mémoires de divers grands personnages. Entre autres nous y avons veu de fort beaux vers de Passerat à feu M. de L'Hospital sur le sujet de quelques semences de lauriers que feu M. de Roissy luy envoyoit. Nous y avons veu la lettre latine dudit Sr de Roissy sur le mesme sujet, laquelle est extrêmement bien couchée et la response escrite de la main propre de M. de L'Hospital, pleine d'un monde de modestie et d'érudition. Un livre in-4° où il y a 40 testes dessignées par Raphaël d'Urbin *à l'instance du grand Roy Francoys, lequel vouloit apprendre à peindre.* Un livre in-f°, manuscrit composé par nostre bon Roy René de Sicile et dédié par luy à Charles du Maine, son frère, dans lequel est compilée toute la connoissance des vieux tournois de France, d'Allemagne et d'ailleurs. Et, outre le discours qui est couché sur ce bon Roy, il y a de grandes figures qui représentent le tout en enlumineure excellente tout en particulier comme cuirace, brassaux etc. comme en général, comme les combats, les jugements, les défis, etc. »

« l'homme de la robe qui avoit le plus
bel esprit et qui escrivoit le mieux en
françois. » « Si vous jetez les yeux sur
luy, dit le Père Jacob, il esblouit les plus
sçavants : si vous contemplez son intégrité, sa vie est une perle sans tache ; si
vous pesez sa dignité, il est des premiers
du plus auguste Parlement du monde.
Or donc, toutes ces qualités, avec l'affection qu'il a pour les livres, le rendent
amateur des sciences et des lettres, et
ainsy il a faict sa bibliothèque l'une des
plus accomplies de Paris. »

Henri II de Mesmes consacra une partie très-importante de ses revenus à ac-
croître les richesses que ses ancêtres lui
avaient léguées et fit rechercher à grands
frais des manuscrits grecs et orientaux
jusque dans les pays les plus éloignés. Le
célèbre Naudé, chargé par le Président
du soin et de la garde de ses livres[1], af-

---

[1] Gabriel Naudé composa pour Henri de Mesmes l'*Advis pour dresser une bibliothèque*.

firme qu'il entretint dans ce but un commerce épistolaire assez suivi avec un or-
fèvre français établi à la cour du Grand-
Mogol[1]. Après Henri II de Mesmes, la
bibliothèque échut à son frère Jean-Antoine, également Président au Parlement,
et décédé, en 1673, à soixante-quinze ans;
puis au fils de celui-ci, Jean-Jacques V,
investi des mêmes fonctions que son père
et mort le 9 juillet 1688, et enfin à Claude,
comte d'Avaux, le grand négociateur des
traités de Munster et d'Osnabrück. Ce
diplomate prit l'initiative de la dispersion
des divers éléments de cette bibliothèque, alors regardée comme sans rivale.
En 1706, la plupart des livres imprimés
qui la composaient furent mis en vente.
On en trouve l'énumération à la suite du
catalogue des volumes de la collection
d'Émeric Bigot, Conseiller au Parlement
de Rouen, qui parut sous le titre de *Bi-*

---

[1] « Les missives de cet artisan, ajoute Gabriel
Naudé, estoient de coton rouge et enfermées
dans de longs estuys faicts avec des roseaux. »

bliotheca Bigotiana, chez Jean Baudot, à Paris. Ainsi que le remarque fort justement, Prosper Marchand[1], on pourrait appliquer le *fronti nulla fides* du poëte à cet opuscule menteur qui aurait dû être intitulé : « *Bibliotheca Bigotiana imo et Memmiana.* » « Mais ce fut, ajoute Marchand, ce qu'on affecta de cacher avec tant de soin qu'on ne se fit aucun scrupule de gâter la reliure de tous ces livres où se trouvèrent les armes de MM. de Mesmes[2], en en faisant enlever, avec un fer taillé exprès, le morceau de cuir qu'elles occupoient. Cette précaution fut néanmoins inutile, car l'empreinte de ces armes paraissoit encore assez sur le carton de quelques-uns de ces livres pour découvrir ce vain mystère, et tout Paris se mocqua de cette mauvaise finesse. Un des principaux ornements de cette belle bibliothèque estoit un magnifique

[1] *Histoire de l'Imprimerie*, par Prosper Marchand, in-4°. La Haye, 1740, t. Ier, p. 95.
[2] V. p. 129, note 2.

8

recueil d'auteurs classiques, tous d'édition d'Alde Manuce, la pluspart imprimés sur vélin, ornés de très-belles minia-
tures et lettres peintes et enrichis de
cette reliure si révérée des sçavants de
France à cause de l'inscription : *Johannis
Grollerii et amicorum.* Malheureusement
cela tomba entre les mains d'un gredin
de notaire qui n'achetoit des livres que
pour en tapisser un cabinet, et qui, absolument incapable de connoistre le mérite
de ceux-là, les fit impitoyablement dépouiller de ces vêtements précieux et res-
pectables pour les revêtir de reliures modernes, plus brillantes à son gré ; atten-
tat véritablement digne de l'indignation
des honnêtes gens, et qui méritoit incon-
testablement mieux la berne et les estri-
vières que celui de ce vieillard du Bocca-
lin, qui s'amusoit à lire des chansons et
des madrigaux avec des lunettes. »

Quelques années après la mort du
comte d'Avaux, ses deux filles, la duchesse de Lorges et la marquise d'Ambre,

vendirent à la bibliothèque du Roi six
cents manuscrits provenant de la succession de leur père. L'abbé Sallier fut chargé
par M. de Chauvelin, alors Garde des
sceaux, de classer ces précieux documents. Les deux cent vingt-neuf volumes
contenant la collection des négociations de
M. d'Avaux, furent placés au dépôt des
Archives du département des Affaires
Étrangères. L'ensemble des pièces qui
avaient trait à la jurisprudence et aux
belles-lettres, demeura définitivement acquis à la bibliothèque royale et forma un
fonds spécial sous le nom de ses anciens
possesseurs. Tel fut le sort de ce mo-
nument d'érudition, de science et de
goût, qu'une race d'hommes supérieurs
avait mis près de deux siècles à éle-
ver.

Henri Ier de Mesmes fut inhumé aux
Grands-Augustins de Paris, dans la chapelle funéraire de sa famille. L'église de
ce monastère, achevée sous le règne de
Charles V et détruite à la fin du siècle

dernier, avait été décorée par Germain
Pilon et renfermait les mausolées d'un
grand nombre de personnages célèbres[1],
parmi lesquels nous ne citerons que Philippe de Commines, Guy Du Faur de Pibrac et Remy Belleau. Jean-Jacques de
Mesmes composa l'épitaphe suivante,
qu'il fit graver sur la tombe de son père :

Deo Optimo Maximo

*Memoriæ, quieti perpetuæ Henrici
Memmii, clarissimi viri, ab interioribus*

---

[1] On peut voir encore au Louvre, dans les
salles affectées au Musée des sculptures de la
Renaissance, quelques-uns des bas-reliefs de
Germain Pilon qui décoraient la chaire de l'église
des Grands-Augustins, ainsi que les effigies funéraires de Philippe de Commines, de sa femme
et de leur fille, la comtesse de Penthièvre. Les
tombes des membres de la famille de Mesmes
ont disparu : elles se trouvent, peut-être, dans
ces magasins de Saint-Denis ou de Versailles qui
contiennent encore de si précieux monuments de
l'histoire du vieux Paris, soustraits, on ne sait
dans quel but, aux recherches et à l'étude des
travailleurs.

aulæ consiliis Navarræique Regis et Re-
ginæ Cancellarii, inter arma civilia pro
regni salute Legationibus fideliter obitis,
de patria benemeriti concordiæque aucto-
ris et vindicis, litterarum patroni, exi-
miis moribus, artibus instructi, ingenio,
judicio, eloquentia prestantissimi : cujus
nomen utriusque linguæ doctissimorum
hominum scriptis celeberrimum, a ne-
mine tamen satis pro dignitate laudatum :
hunc pietatis ergo titulum Johannes Ja-
cobus Memmius, libellorum supplicum in
Regia magister, patri incomparabili filius
mærens posuit. Vixit annos LXIV. Obiit
kalendis sextilibus, anno a Virginis partu,
M. D. XCVI.

Auctorem pacis, te pax æterna sequa-
tur ! « O toi qui procuras à ta patrie les
bienfaits de la paix, jouis, à ton tour,
d'un repos éternel ! »

C'est assurément la plus belle oraison
funèbre qu'un diplomate puisse souhai-
ter.

M. de Mesmes, nous l'avons vu, a composé ses Mémoires pour son fils ; mais chacun de nous ne les pourrait-il pas croire
écrits pour lui ? Unis à travers les âges
par une sorte de parenté morale, les honnêtes gens sont, en effet, solidaires les uns
des autres. Le seizième siècle n'est pas, hé-
las ! la dernière période troublée de notre
histoire. Chaque temps a ses heures de
crise et de tourmente, où les âmes ani-
mées d'un commun amour du bien éprou-
vent le besoin d'être soutenues par un de
ces fortifiants exemples qui, ainsi que le
dit Henri de Mesmes, les excite « à craindre Dieu, à suivre la vertu et à mespriser
la Fortune. »

C'est donc aussi, sans le vouloir, pour
la postérité que M. de Mesmes a parlé. Sa
philosophie charitable et débonnaire, sa
foi simple et douce portent en elles plus
d'un enseignement précieux. Le bon sens
et la tolérance sont de tous les temps,
mais les actes de leurs représentants res-
tent parfois ensevelis dans ces ombres du

passé où dorment tant de grandes mémoires jusqu'à l'heure de la justice ou de
la réparation.

La gloire ne fut que trop souvent l'apa-
nage exclusif de ces génies sans frein et
sans mesure, qui n'ont établi leur domi-
nation que sur la ruine de leurs contemporains et sur l'asservissement de leur
patrie. Ces lauriers trempés dans le sang
et dans les larmes ont fait horreur à
Henri de Mesmes. En cherchant à répa-
rer les maux que la guerre civile avait
causés, il sut conquérir une renommée à
la fois plus chrétienne et plus durable.
« Je ne sçaurois mieux finir l'histoire de
cette cruelle et sanglante guerre, écrit
Jean Le Laboureur, que par la louange
de M. de Malassise, qui aida à la termi-
ner ; et c'est un devoir d'autant plus
grand, dans le temps où j'escris, que je
puis asseurer à celuy qui rendra le mesme
office à la France, plus d'éloges et plus
de gloire qu'aucun prince de nostre siècle n'en sçauroit acquérir par les plus il-

lustres conquestes. On est tousjours en droit de douter si les plus grands capitaines ne sont point aussitost nés pour la ruyne que pour le bien de leur patrie, et si l'on ne doit pas imputer à leur ambition tout ce qu'ils feignent d'avoir entrepris pour sa défense. Mais on ne se peut tromper de croire et de publier que ceux qui procurent la paix sont de véritables héros que Dieu a faict naistre pour le salut du public, et qu'il a mis en eux toutes les qualités nécessaires pour un si grand bien. C'est un employ dont l'heureux succès est à préférer à tous les titres qu'on peut remporter dans la profession des armes, et dont la mémoire doit estre plus précieuse que toutes les dignités de la guerre. »

Plus le monde vieillira et plus il inclinera à partager cette opinion que le progrès est dans la concorde et dans la paix. Ne refusons donc point à Henri de Mesmes le tribut que lui doit notre reconnaissant souvenir; saluons en lui l'un des

plus dignes soutiens de ces chères et
saintes traditions d'honneur qui, dans la
suite des âges, ont fait la grandeur et la
consolation de la patrie.

EDOUARD FREMY.

FIN DE LA VIE DE HENRI DE MESMES

MÉMOIRES INÉDITS

DE

HENRI DE MESMES

SEIGNEVR DE ROISSY ET DE MALASSISE

MÉMOIRES INÉDITS

DE

HENRI DE MESMES

SEIGNEVR DE ROISSY ET DE MALASSISE :

N temps fut, que les homes de valeur escrivoient volontiers leurs
vies ou de ceux qu'ils avoient aimez.

¹ Nous donnons ici le texte du manuscrit des
Mémoires de Henri de Mesmes, écrit et corrigé
de sa propre main et conservé à la Bibliothèque
Nationale, Mss. *Fonds Français*, Nᵒ 729. Nous
avons, bien entendu, soigneusement conservé
l'orthographe de M. de Mesmes et rétabli, en
notes, de nombreux passages rayés par l'auteur
mais qui offrent un réel intérêt. La Bibliothèque
Nationale possède plusieurs copies de ce manuscrit autographe, exécutées dans le cours du xvIIᵉ
siècle, notamment *Fonds Duchesne*, Nᵒ 57 et
Fonds Français, Nᵒ 18617. Non seulement l'orthographe de M. de Mesmes y est modifiée mais
on y rencontre une lacune et de nombreuses

C'estoient, au moins, quelques remarques
des belles actions et, après eulx, enseigne-

versions erronées. Rollin, à qui le Président
Henri II de Mesmes avait communiqué une de
ces copies des Mémoires de son aïeul, en donna
dans son *Traité des Études*, (T. I, Ch. II, art. I),
un fragment relatif au régime scolaire auquel
Henri de Mesmes fut soumis au Collège de Bourgogne et à l'Université de Toulouse. Le Père
Lelong signale une autre copie des Mémoires de
M. de Mesmes sous le Nº 48 du *Fonds Dupuy ;*
ce volume manque à la Bibliothèque Nationale.
En 1773, une Revue périodique, bien oubliée aujourd'hui, et qui s'intitulait : « *Le Conservateur,
ou Recueil de morceaux rares et d'ouvrages anciens et modernes élagués, traduits et refaits, en
tout ou partie,* » prétendit publier les *Mémoires*
de M. de Mesmes. Mais, sous prétexte d'accommo-
der au goût du jour le style concis, énergique et
coloré de ce magistrat-diplomate du XVIᵉ siècle,
une plume aussi dénuée de légèreté que de déli-
catesse n'a pas craint de faire disparaître tout le
charme et tout l'intérêt de l'œuvre originale en
lui substituant une pâle contrefaçon. Divers auteurs, et notamment l'historien Jean Le Laboureur dans ses *Additions aux Mémoires de Castelnau*, ont reproduit, en les altérant parfois,
quelques passages des *Mémoires* de Henri de
Mesmes, mais jamais le texte exact et intégral
de cette curieuse autobiographie n'a été pré-
senté au public.

mens pour bien faire ; maintenant ce n'est
plus la mode ; en France, ceux qui ont les
armes n'usent guères de plumes qu'à leurs
chapeaux, et ceux de robes longues n'ont
pas moien de se recommander par faicts
mémorables. Que sçauroit faire de grand
un home seul, ne commandant qu'à peine
en sa famille, sens mains synon pour oster son bonet, sens langue, si ce n'est
pour flatter et, en fin de conte, pour
tout éloge : « *C'est dommage ! C'estoit un
bon serviteur !* » Certes, mieux vaudroit
avoir esté bon maistre de soy-mesmes.

Je n'ay donc pas intention de croniquer
mes gestes, ny ma profession les a produits dignes de grande histoire ; seulement ai-je réunis par ordre ces petits
Mémoires afin qu'en ramentevant le
passé, je me représente parfois les grâces
que Dieu m'a faictes et ressente plaisir
des maux dont il m'a préservé, puys,
après moy, que vous, mon fils[1], par la

---

[1] Henri de Mesmes eut de sa femme Jeanne

lecture de ma vie, vous aiés un exemple domestique pour craindre Dieu, suyvre la vertu [1] et mespriser la Fortune.

Mon père avoit nom Jean-Jacques de Mesmes, issu d'Escosse, né en Gascoingne. Un ancien chevalier Escossois de Bervich [2] Amaneus *de Mammes* [3], dez l'an 1200, vint prendre terre en Guienne, espousa en Marsan une Damoyselle du

Hennequin, Rénée, morte en bas âge, un fils, Jean-Jacques et Judith, qui épousa Jacques Barillon de Mancy, Conseiller au Parlement de Paris. Jean-Jacques de Mesmes, l'élève de Passerat, à qui sont adressés ces *Mémoires*, devint plus tard Conseiller au Parlement, Maître des Requêtes et Doyen du Conseil d'État. C'est lui qui composa pour son père l'épitaphe latine que nous avons reproduite dans la Vie de Henri de Mesmes. Il eut d'Antoinette de Grossaine, Henri II de Mesmes, Président au Parlement de Paris et bibliophile distingué, Claude Sr d'Avaux, le négociateur des traités de Munster et d'Osnabrück et Jean-Antoine Sr d'Yrval.

[1] « Prévoir les accidens. » (Mots rayés sur le Mss. autographe.)

[2] Berwick.

[3] « On a coustume, dit Ménage, d'appeler en latin *Memmius* ceux de la famille de Mesmes ;

païs et y planta [1] nostre race. J'en ay veu
les titres et en sont encore les armes en
la chapelle de mes ancestres au Mont-de-
Marsan, pareilles à celles de nos parents
de Bervich, à présent limite d'Angleterre
et d'Escosse où le Gouverneur du pays et
de la ville portoit nostre nom et armes [2]
en l'année que j'en feis la recherche,
1567, et y avoit lors beaucoup de noblesse
de cete maison. Mon père, à sa naissance,

Turnèbe, Lambin et Passerat ne les ont jamais
autrement nommés. Je croirois plustost néanmoins que, comme *Mesmin* vient de *Maximinus*,
aussi de Mesmes vient de *Maximus*, et souscri-
rois, en cela, volontiers au distique adressé à
M. le premier Président d'aujourd'huy, fils de
l'illustre Président Jean-Jacques de **Mesmes** :

Joanni Antonio Maximo non Memmio maxime nomen
Implesti nomen maximus ipse tuum.

(V. *Menagiana*, t. III, p. 339.)

[1] Implanta.

[2] Les de Mesmes portaient : écartelé au 1er
d'or au croissant de sable, au 2 et 3 d'or, à deux
lions léopardés de gueules, armés et lampassés
d'azur, qui est de Bigorre ; au 4 d'or, à la pointe
ondée d'azur surmontée d'une étoile de sable,
qui est Lassuis. »

n'avoit que 7 mois, et, pour ce qu'il ne promettoit pas grande force, il fut dédié aux lettres estant fort *délié*[1] en jeunesse; mais il en fut tant plus soigneux de se préserver, et a survescu ses dix frères qui sont presque tous morts aux guerres. Il se rendit, dez ses premiers ans, fort célèbre ès *lectures*[2] du Droict civil[3], durant

[1] Délicat.

[2] On appelait alors *lectures* les classes, les leçons des professeurs.

[3] Jean-Jacques de Mesmes, seigneur de Roissy, professa le Droit à Toulouse dès l'âge de 20 ans. Il eut pour condisciples Alciat, Décius et bien d'autres savants jurisconsultes qui devinrent plus tard les maîtres de son fils. Appelé au Conseil de la couronne de Navarre en 1516, il fut chargé par la Reine Catherine de Foix de revendiquer en son nom auprès de François Ier et de Charles-Quint, à l'assemblée de Noyon, la Haute-Navarre usurpée par Ferdinand le Catholique. Malgré l'habileté que déploya de Mesmes dans cette négociation, les réclamations de Catherine de Foix ne furent point admises par les souverains. « Jean-Jacques de Mesmes, écrit Le Laboureur, icy destiné pour la gloire de sa maison, devoit encore servir à faire connaistre, par le merveilleux progrès qu'il fist dans les sciences, qu'elles ne doivent point estre *mesprisées* des

quinze ou vingt ans collègue et compaignon de Philippus Decius et d'Andreas Alciatus, desquels j'ai veu maint témoignage de l'honeur qu'ils luy faisoient. Mais, au lieu de continuer cette profession, fut requis par la Reyne Catherine de Navarre de venir en France pour assister ses affaires et accompaigner le Roy Henry de Navarre son filz ; qui luy fut comancement d'une autre forme de vie. Icy il espousa feu ma mère Dame Nicolle Hennequin[1] fille de Messire Chris-

nobles. Il devoit faire honte à leur oisiveté par ses généreux travaux. » (*Observations sur les Mémoires de Castelnau*, par Jean Le Laboureur, t. II, p. 109, Bruxelles 1751.)

[1] Les Hennequin étaient originaires de Troyes. Les personnalités les plus marquantes de cette famille, pendant la seconde moitié du XVIe siècle, sont, Nicolas Hennequin, Sr du Perray, Président au Grand Conseil ; Oudard Hennequin de Boinville, Maître des Requêtes ; Oudard, Sr de Chantereine, Maître des Comptes ; René Sr des Semoises, Maître des Requêtes ; Aimard, Evêque de Rennes ; Nicolas, Sr du Fay ; Jérôme, Evêque de Soissons ; Jean, Sr de Manœuvre, Trésorier de France en Picardie ; Oudard, Doyen de Troyes,

tophle Hennequin, plus ancien Conseiller du Parlement de Paris et Président d'Alençon, que le Roy Françoys avoit tenu quelque temps son Ambassadeur en Suisse et depuys en autres grandes charges et l'avoit désigné Premier Président de Paris, *pour ce qu'il sçavoit bien faire et bien dire.* Mais sa mort devança le jugement roial et mourut la propre nuict que je fus conçeu, précédente le 1er jour de May 1531.

Je nacquis à Paris le mardy 30e jour de janvier 1531 à trois heures du matin, qui estoit le comancement de l'année

« *tous Ligueurs, et des plus zélés,* » selon L'Estoile. Jean-Jacques de Mesmes épousa en 1530, Nicole Hennequin, fille de Christophe Hennequin, Doyen du Parlement, Ambassadeur en Suisse, désigné Premier Président, et de Bonne Conraud. « De cette alliance, dit Moreri, sortirent Henri de Mesmes, seigneur de Roissy; Jean-Jacques, seigneur des Arches et de L'Angle, Maître des Requêtes et Président au Grand Conseil; Jean-Gabriel, Conseiller au Parlement; Antoinette, femme de François d'Elbène et Adrienne, Dame d'Oni. »

1532 au compte romain [1], que nous tenons à présent. Lors mon Père estoit Lieutenant civil [2] de Paris par l'élection du

[1] Jusqu'en 1582, la chrétienté avait fait usage
du *calendrier Julien*, établi par Jules César, 46
ans avant J.-C. D'après ce système, l'année civile n'était que de 365 jours, tandis que l'année
solaire est, en réalité, de 365 j. 5 h. 48 m. 45 s.
Pour compenser cette fraction retranchée, éva-
luée à 6 heures par année, on joignait, tous les
quatre ans, un jour complémentaire à l'année
courante. Mais ces prétendues 6 heures n'étant
que 5 h. 48 m 45 s., il en résulta que, en 1582,
l'année civile se trouva de 10 jours plus longue
que l'année solaire. Afin de résoudre la difficulté,
le pape Grégoire XIII, sur les conseils de l'as-
tronome Louis Lilio, supprima ces dix journées;
il fut décidé qu'à l'avenir, trois des années sécu-
laires qui, d'après le calendrier Julien, devaient
être bissextiles, seraient communes, et qu'on
n'ajouterait qu'un jour supplémentaire à la quatrième. Les puissances catholiques acceptèrent
immédiatement le calendrier *Grégorien*, mais les
États dissidents restèrent longtemps encore soumis à l'ancienne chronologie, qui prit le nom de
vieux style. Le monde chrétien a presque uni-
versellement adopté la réforme de Grégoire XIII; .
la Russie et la Grèce ont seules refusé d'y adhé-
rer.

[2] « M. de Mesmes, Lieutenant civil, ayant esté

Roy Françoys [1] qui, pour son sçavoir et preud'homie, l'avoit contraint d'accepter cette charge contre son gré. Mes premiers ans passèrent sous la garde de ma mère, l'une des meilleures femmes et des meil-

averti par MM. de l'Université du jour auquel ils viendroient le haranguer en pleine audience pour l'inviter à leur *Paranymphes*, résolut pour se divertir, de faire présider ce jour là à M... qu'il sçavoit n'estre pas trop chargé de latin. Le jour venu, M. de Mesmes étant prest d'entrer à l'audience, pria MM. du Chastelet de trouver bon que M... tint sa place, feignant d'avoir un ordre du Roy qui ne lui permettoit pas de tenir le siége ce matin là. Ensuite il pria M... qui accepta la chose sans se douter de rien. A peine fut-il à l'audience que M. le Recteur, accompagné des Facultés, précédé de ses massiers, entra et fit à M... une belle harangue en latin. M... qui n'ayant pas été averti n'avoit pas préparé de harangue et qui, d'ailleurs ne sçavoit pas assez de latin pour en faire une sur le champ, dit au Recteur, pour toute réponse : « *Laetatus sum in his quae dicta sunt mihi : in domum vestram ibimus.* Allez, Monsieur, et, une autre fois, ne surprenez point la Cour ! » (*Menagiana*; t. IV, p. 221).

[1] Le choix.

leures mères de son temps. Puys[1] mon
père me dona pour précepteur J. Maludan, Limosin, disciple de Dorat[2] home
sçavant choisy pour sa vie innocente et
d'aage convenable à conduire ma jeunesse
jusques à temps que je me sceusse gouverner moy mesme, comme il feist, car
il avança tellement ses estudes par veilles et travaulx incroyables qu'il alla toujours aussy avant devant moy come il
estoit requis pour m'enseigner, et ne sortit de sa charge que lorsque j'entray en of-

[1] « Aussitost que je sceus lire et escrire, »
(Mots effacés dans le Mss. autographe.)

[2] Jean Dorat, en latin *Auratus*, poëte français
et surtout latin, originaire du Limousin, fut précepteur d'Antoine, fils du célèbre diplomate
Lazare de Baïf. Après avoir servi trois ans dans
l'armée commandée par le Dauphin, (depuis
Henri II), il devint Principal du collége de Co-
queret, puis, en 1560, professeur de langue grecque au Collége Royal. Il mourut à Paris, le 1er
novembre 1588, âgé de plus de quatre-vingts ans.
On lui doit de nombreux poëmes français, latins
et grecs, ainsi que plusieurs ouvrages d'archéologie et de philologie ; il passait pour le meilleur
critique de son temps.

fice. Avec luy et mon frère puisné J. J. de
Mesmes, je fu mis au Collége de Bourgoigne dèz l'an 1542, en la troisiesme classe ;
puys je fu un an, peu moins, de la première. Mon père disoit qu'en ceste norriture de Collége[1] il avoit eu deux regards : l'un à la conservation de la jeunesse gaie et innocente ; l'autre à la discipline scolastique, pour nous faire oublier
les mignardises de la maison *et come
nous desgorger en eau courante.* Je trouve
que ces dix huict moys du Collége me
firent assez de bien[2]. J'apris à répéter,
disputer et haranguer en public, pris co-
gnnoissance d'honnestes enfans dont aucuns vivent aujourd'huy, apris la vie frugale de la scolarité et à règler mes heures ;
tellement que, sortant de là, je récitay en
public quelques oraisons[3] latines et grec-

---

[1] « N'estimant beaucoup la vie du Collége. »
(Mots effacés sur le Mss. autographe.)

[2] « Ne pouvant gaster mes meurs pour l'assistance continuelle du maistre Tocssoin. » (Passage
rayé sur le Mss. autographe.)

[3] Discours.

ques de ma composition et présentay
plusieurs vers latins et deux mil vers
grecs faicts selon l'aage, *récitay Homère
par cœur d'un bout à l'autre.* Qui fut
cause que depuys cela, j'estois bien veu
parmy les premiers homes du temps et
mon précepteur me menoit quelquefois
chez Lazarus Baïfius [1], Tussanus [2], Stra-

---

[1] Lazare de Baïf, né en Anjou vers le commencement du xvi⁰ siècle, fut successivement Conseiller de François Iᵉʳ, Maître des Requêtes et
Ambassadeur de France à Venise et en Allemagne. On lui doit les plus remarquables travaux d'archéologie et notamment les traités : *De
re vestiaria, De re navali, De vasculis.* Lazare
de Baïf cultivait également la poésie ; il traduisit
l'*Électre* de Sophocle et plusieurs *Vies* de Plutarque. Il était père d'Antoine de Baïf, l'un des
poëtes les plus célèbres de la Pléïade.

[2] Jacques Toussaint, en latin *Tussanus*, hellé-
niste, né à Troyes vers la fin du xvᵉ siècle, était
l'un des plus savants disciples de Guillaume Budé.
Il resta longtemps correcteur dans l'imprimerie
de Badius qui lui confia l'éducation de ses enfants ; ses talents lui firent décerner une chaire
de grec au Collége Royal en 1532. On cite parmi
ses élèves Morel, Turnèbe et Henri Estienne ;
Érasme le tenait en haute estime. Toussaint a
laissé un dictionnaire grec et latin ; il publia les

zellius, Castellanus [1] et Danesius [2] avec
honeur et progrès ès lettres. L'an 1545
au mois de septembre, je fu envoyé à

Lettres de Budé et prit part à la grammaire de
Th. Gaza. On lui doit, en outre, plusieurs traités
de controverse philosophique et théologique.

[1] Duchâtel, en latin *Castellanus*, originaire
d'Arc-en-Barrois, professait le grec et le latin
dès l'âge de seize ans. Après avoir rempli à Bâle
les fonctions de correcteur d'imprimerie, il entra dans les ordres et visita l'Italie, la Grèce et
l'Orient. A son retour, et sur la recommandation
du cardinal du Bellay, François Ier le nomma
son lecteur ordinaire, l'éleva aux siéges épisco-
paux de Tulle, de Mâcon, d'Orléans, et lui con-
féra la charge de Grand Aumônier de France.
Tous les contemporains s'accordent à vanter
l'élévation et la mesure de son esprit.

[2] Pierre Danès, en latin *Danesius*, naquit à
Paris, en 1497. Il s'était acquis une telle réputation d'érudition que, lors de la fondation du
Collége de France, François Ier le choisit entre
tous pour occuper la chaire de langue grecque.
Après avoir professé cinq ans, il entra dans la
carrière ecclésiastique et suivit à Venise George
de Selve qui venait d'être appelé à représenter
la France auprès de la République Sérénissime.
Rentré à Paris, Danès prit part au procès de
condamnation de Ramus, et se rendit au concile
de Trente, en qualité d'Ambassadeur, avec

Tholose pour estudier ès loix avec mon
précepteur et mon frère, soubs la conduite
d'un vieil gentilhomme tout blanc qui
avoit longuement voyagé par le monde.
C'estoit M. de Gude, l'un des frères puis-
nés de mon père et avions un serviteur
Bourguignon nommé Hugues Raymond
qui, depuys, m'a servy tant qu'il a vescu
et est mort de vieillesse avec moy, ne
m'ayant jamais voulu laisser, encore que
je luy eusse moienné quelque bien. A
Tholose, nous fusmes trois ans auditeurs
en plus estroicte vie et pénibles travaux que ceulx de maintenant ne vou-
droient suporter. Nous estions debout à
quatre heures et, ayans prié Dieu, alions
à cinq heures aux estudes, nos gros li-

MM. d'Urfé et de Ligneris ; il devint ensuite
précepteur du Dauphin, fils de Henri II, et obtint
l'évêché de Lavaur. Danès, qui mourut à Paris,
le 23 avril 1579, a laissé divers ouvrages au
nombre desquels nous citerons des éditions de
Pline, de Justin, de Florus et de Rufus, ainsi
que des commentaires estimés d'Aristote et de
Plutarque.

vres¹ soubs les bras, nos escritoires et
nos chandeliers à la main. Nous oyions
toutes les lectures jusques à dix heures
sonées, sans intermission; puys venions
disner, après avoir, en haste, conféré demie heure ce qu'avions escrit des lectures. Après disner nous lisions, par forme
de jeu, Sophoclès ou Aristophanès ou Euripidès et quelquefois de Démosthénès,
Cicero, Virgilius ou Horatius. A une
heure, aux estudes; à cinq au logis, à répéter et voir dans les livres les *lieux allégués*² jusqu'après six. Lors nous soupions puys lisions en grec ou en latin.
Les festes à la grande messe et vespres;
au reste du jour un peu de musique et
de promenoir. Quelquefois nous alions
disner chez nos amis paternels, qui nous
invitoient plus souvent qu'on ne nous y
vouloit mener. Le reste du jour aux li-

¹ « De papier. » (Mots rayés sur le Mss. autographe.)
² Les endroits cités en classe par le professeur.

vres ; et avions ordinaire avec nous Ha-
drianus Turnebus[1] Dionisyus Lambinus[2]
Honoratus Castellanus[3], depuis médecin du Roy, Simon Thomas lors très-sça-

[1] Adrien Turnèbe, né aux Andelys en 1512,
mort en 1565, professa les humanités à Toulouse,
la langue et la philosophie grecque et latine à
Paris au Collége de France depuis 1547 ; il diri-
gea l'imprimerie royale pour les livres grecs, et
fut le maître d'Henri Estienne. Turnèbe a laissé
un grand nombre de traductions et de commentaires publiés à Paris en 1564, sous ce titre
Adversaria et en 1600 à Strasbourg sous celui
de *Turnebi opera.*

[2] Denis Lambin, savant professeur de grec
au Collége Royal, né à Montreuil-sur-Mer
en 1516, et mort à Paris en 1572. On croit
qu'il fut au nombre des victimes de la Saint-
Barthélemy : Lambin a donné des éditions célèbres d'Horace, de Lucrèce, de Cornelius Nepos, de Plaute, de Cicéron et de Démosthè-
nes.

[3] Honoré Châtelain, médecin du Roi et de la
Reine mère, fut tué au siége de Saint-Jean d'An-
gély avec Jean Chastelain, son collègue et son
ami. De Thou (livre LX, ch. VI), fait le plus grand
éloge de ces deux praticiens, « riches, dit-il, l'un
et l'autre, mais par la libéralité des princes qu'ils
servoient et non par les gains sordides qui
déshonorent la pluspart de ceux qui exercent
leur profession. »

vant médecin ; aussy nous voyions souvent Petrus Bunellus [1] et son Vidus Faber [2]. Au bout des deux ans et demy,
nous leumes en public demy an à l'Es-

---

[1] Pierre Bunel, qui a laissé des lettres latines
estimées.

[2] Guy Du Faur de Pibrac, né à Toulouse en
1529, Conseiller au Parlement de cette ville,
devint ensuite Ambassadeur au concile de Trente
avec Arnauld Du Ferrier, Avocat général au Parlement de Paris, en 1565, et Conseiller d'État en
1570. Le duc d'Anjou l'emmena en Pologne et
le nomma Chancelier de ce royaume. Pibrac, qui
était doué d'une éloquence remarquable et d'une
rare habileté diplomatique, rendit de nombreux
services à ce prince ; il ne put, toutefois, empêcher la proclamation de l'interrègne lorsque
Henri de Valois eut secrètement quitté la Pologne pour rentrer en France. Revenu à Paris,
Pibrac obtint successivement les charges de
Président à mortier et de Chancelier de la Reine
Marguerite. Parmi les divers ouvrages qu'il a
laissés, ses *quatrains* sont restés le plus célèbre ;
il avait eu la coupable faiblesse de consentir à
publier, en 1573, une apologie de la Saint-
Barthélemy intitulée : « *Ornatissimi cujusdam
viri de rebus Gallicis ad Stanislaum Elvidium
epistola.* » Pibrac mourut à Paris, le 27 mai 1584
et fut inhumé dans l'église des Grands-Augustins.

chole des Institutes, puys nous eusmes nos heures pour lire aux grandes Escholes et leumes les autres trois ans entiers pendant lesquels nous fréquentions aux festes les disputes publiques. Et je n'en laissois guère passer sans quelqu'essay de mes débiles forces. En fin de six ans nous tînmes conclusions publiques par deux fois : la première, estions une après disnée avec Cathédran[1], la deuxième, trois jours entiers et seuls avec une grande célébrité, encore que mon aage me déffendist d'y apporter autant de suffisance que de confidence. En ce mesme temps lisoient à Tholose Messieurs Corras et Du Ferrier[2], aussy Perrery et Fernandy et,

[1] Président.

[2] Arnauld Du Ferrier, né à Toulouse vers 1508, professa le droit Dans cette ville et compta parmi ses élèves l'illustre Cujas qui déclarait lui devoir toute sa science. Nommé d'abord Conseiller aux Parlements de Toulouse, de Bretagne et de Paris, Du Ferrier fut ensuite appelé à représenter la France au concile de Trente et enfin à Venise, où il résida de 1563 à 1567 et de 1570 à 1582. La lettre qu'il écrivit de ce dernier poste à

des jeunes, du Bourg et Pibrac, après, moy. M. de Foix[1] qui m'avoit ouy avec le Mareschal de Joyeuse, lors Evesque

Catherine de Médicis, le 16 septembre 1572, pour protester contre le massacre de la Saint-Barthélemy, doit être considérée comme un des plus glorieux titres d'honneur de la diplomatie française. Disgracié en 1582 par Henri III qui, contrairement à ses conseils, crut pouvoir dompter la Ligue en s'y associant, le grand diplomate se retira à la cour de Henri de Navarre. Ses dernières années s'écoulèrent auprès de ce prince qui lui prodigua des témoignages d'une filiale affection. Arnauld Du Ferrier mourut au mois d'octobre 1585, du chagrin que lui causa la reprise de la guerre civile. (Voy. *Un Ambassadeur libéral sous Charles IX et Henri III*, par E. Fremy, grand in-8°, Paris Ernest Leroux, 1880, *(ouvrage couronné par l'Académie Française.)*

[1] Paul de Foix, comte de Carmain, l'un des esprits les plus cultivés et les plus élevés de son temps, prit part aux négociations du traité de Troyes et représenta la France, en qualité d'Ambassadeur, en Écosse, en Angleterre, à Venise et à Rome. Les langues grecque, latine et italienne lui étaient également familières ; il professait une admiration sans bornes pour la philosophie d'Aristote : « Je n'ajouteray rien, dit J.-A. de Thou dans ses Mémoires, du souverain amour de Paul de Foix pour la vertu, de son zèle pour l'Estat

d'Alet prit mon heure; il leut quelque temps et voilà les premières compaignées d'estudes entre Foix, Pibrac et moy, comme elles ont depuys continué aux estats et aux affaires de la France.

Après cela, et nos degrés pris de Docteurs ès droict civil et canon, nous prismes le chemin pour retourner à la maison; passasmes en Avignon pour voir Æmilius Ferretus [1] qui, lors, lisoit avec plus d'apparat et de réputation que lecteur de son temps. Nous le saluasmes le soir de l'arrivée et il luy sembla bon que je leusse en son lieu lendemain matin, jour de Saint François, ce que je fey, pre-

et pour le bien public, de son aversion pour le vice et pour les séditieux, de l'élévation de son génie, de ses soins, de sa candeur et de sa foi inviolable pour ses amis. Toutes ces qualités estoient tellement réunies en ce grand homme, elles y estoient joinctes à tant de noblesse, qu'on ne pouvoit s'empescher de l'aymer et de l'admirer. »

[1] Emile Ferret, secrétaire du pape Léon X, puis Conseiller au Parlement de Paris, mourut en 1552 à Avignon. On lui doit quelques traités de jurisprudence.

nant la loy où il estoit demeuré le jour
précédent. Il y assista luy mesme avec
toute l'Escolle et tesmoigna à mon père,
par lettres latines de sa main, qu'il n'y
avoit pas pris déplaisir. Le mesme fut en
passant à Orléans, le tout en l'assistance
de tous leurs Docteurs et de l'auditoire
entier, car à Poictiers nous trouvasmes
que l'Eschole vacquoit.

Nous fusmes à Paris le 7 novembre 1550. Lendemain je disputay publicquement, es Escoles de Decret[1] en grande

---

[1] La principale *Ecole* de la Faculté de Droit de
Paris, était alors située rue S.-Jean de Beauvais
auprès du Collége de Beauvais. Du Breul nous
apprend que cet édifice fut restauré en 1464 aux
frais des Docteurs régents de cette Faculté qui,
en 1475, agrandirent l'établissement en se ren-
dant acquéreurs de deux maisons et d'un jardin
pour la somme de soixante écus d'or de la valeur
de 24 sols parisis et trois deniers tournois pièce,
payée au chapitre de S.-Benoît, outre une rente
de 5 sols parisis exigible chaque année le jour de
la S.-Remy. Le contrat venait d'être encore con-
firmé le 15 juin 1542, huit ans par conséquent
avant l'époque où Henri de Mesmes disputait
publiquement dans cette École.

compaignée (presque tout le Parlement)
et trois jours après je prys les points pour
desbattre une régence en droict canon et
répétay ou leus publicquement un an ou
environ. Après cela il sembla bon à mon
père de m'envoier à la cour avec le Garde
des sceaux, depuis Cardinal Bertrandy,
pour me faire cognoistre au Roy et tendre à la succession de son office de Maistre des Requestes. Au retour il me fit prendre un office de Conseiller en la Cour des
Aydes pour ce que j'estois si jeune qu'on
ne m'eust pas admis ailleurs. Là je fus
examiné et jugé capable le neufvième febvrier 1551, aagé de vingt ans ou peu plus.
Le cinquième de mars ensuivant, mes
articles de mariage furent accordées,
puys, le lundy XIIIᵉ juin aussy ensuyvant,
qu'on disoit 1552, je fus marié et espou-
say ma femme, Damoyselle Jeanne Hennequin[1], fille de Mᵉ Oudart Hennequin
Conseiller et Maistre des Comptes, home

[1] Elle était cousine au 3ᵉ degré de Henri
de Mesmes, dont la mère était une Hennequin.

de singulière probité. Mais, estant entré
aux Aydes *deux matinées*, je me résolu le
troisiesme jour, puysque mon aage estoit
couvert, d'entrer au Grand Conseil [1], ce

[1] « Et je ne fus pas si tost receu aux Aydes, car
nous estions huict qui venions par un édict nouveau et falloit que tous fussent ouys et examinés
pour faire la seconde Chambre complète : parquoy ma réception et installation fut, avec tous
mes compaignons, le 20e décembre 1552, mais y
estant entré aux Aydes deux matinées je me reso-
lus le 3e jour, puisque mon aage estoit couvert,
d'entrer au Grand Conseil, ce qui me fut expédié
le jour mesme par MM. Du Ferrier, Corras,
du Bourg, Cujas et Pibrac. Et me deplut quand
par arrest ils ordonnèrent que nostre séance
seroit reglée sur nos titres de licence, car je n'en
avois pas pris la seconde année comme d'autres
ains à la mode de Tholose, j'avois attendu les
six ans à les prendre pour estre trois ans sans
dégré aux heures plus honorables et en con-
currence au dire des Docteurs régents qui lors
estoient très-sçavants pour plus d'honeur, et
avois telle confiance de mes estudes qui me feit
desdaigner d'en voir six devant moy ; tellement
que je me résolu de quitter cest office ou je
n'estois entré que deux ou trois matinées et en
pris le mesme jour un office de Conseiller au
Grand Conseil par la diligence, entremise et
moiens de mon beau-père ; lendemain mon

qui me fut expédié ce jour mesme, par
M^{rs} Du Ferrier, Corras, du Bourg, Cujas
et Pibrac, cela par la diligence, entremise
et moiens de mon beau père. Lendemain
mon père me fit recevoir dez le matin
avec dispense d'aage et *sans examen*,
après qu'aucuns du Conseil eurent tesmoigné de mes disputes et lectures, à
Tholose où ils avoient assisté en divers
rencontres. Le vingt septième aoust 1553,
j'eus lettres de la survivance de Maistre

père me feit recevoir avec dispense d'aage et
sans examen après qu'aucuns du Conseil eurent
tesmoigné de mes disputes et lectures où ils
avoient assisté en diverses rencontres, avec offre
d'estre examiné sur le champ, qui ne fut accepté
et me receurent sans examen sur quelque opinion
qu'il leur semble prendre de mes estudes, encores
que ce fust sans mérite toutesfois et mis est sur
le registre que ce n'estoit point pour le respect
de la Cour des Aydes qu'on n'avoit voulu m'exa-
miner. Ma réception est du xvie janvier 1552.
Le 27e d'aoust 1553 je fus expédié de la survivance de Maistre des Requestes et fus receu au
Parlement aussy sans examen le 28 septembre
de la mesme, année qu'on appeloit 1553. Or je
ne laissay pour cela le service du Grand Conseil.≠
(Passage rayé sur le Mss. autographe.)

des Requestes et fus receu en Parlement aussy *sans examen*, le 28e septembre en la mesme année, qu'on comptoit 1553, n'ayant pas encore vingt deux ans, mais le Roy Henry, mon bon maistre, le voulut ainsy et dit « *qu'il avoit suffisant raport de mes estudes.* » Or je ne laissay pour cela le service au Grand Conseil, car mon père retint l'exercice de son estat et, come je fus bien tost employé en plusieurs charges, la mesme année 1553, estant en Limosin où je faisois, par commission du Roy, le procès criminel au Gouverneur du pais, ma mère *alla à Dieu* le dymanche quatorziesme janvier 1553, ayant esté 23 ans et 2 mois en mariage, duquel elle avoit eu six enfans masles et cinq filles, dont les cinq masles et trois femelles vivoient après son trespas; femme certes de rare vertu et pudeur qui parloit aussy proprement[1] en sa langue qu'autre que j'aye veue. Mon père, qui

[1] Purement.

avoit accoustumé le mariage et l'estude,
voulut, quelque temps après, essayer s'il
trouveroit pareil repos et semblable conduite de sa maison en une autre femme
et en prit une qu'il connoissoit chaste,
mais ce fust tout [1]. Ce mariage fut célébré
le jeudy 12ᵉ septembre 1555.

En ce temps là le Roy Henry, qui me
faisoit cet honeur de me gouster et favoriser mon advancement, avoit commandé
que je le servisse près sa personne en
l'estat de Maistre des Requêtes, come je
faisois, (dont j'ay la dépêche signée Bourdin) ; il eut volonté de rendre les juges
des provinces annaux [2] et les faire syndi-

[1] Jean-Jacques de Mesmes se remaria le 12
septembre 1555, avec Jeanne Le Père, fille de
Gérard Le Père, seigneur de Sᵗ-Marc et de Leau-
en-Valois, avocat au Parlement ; elle mourut le
13 novembre 1571.

[2] Henri II avait eu la pensée d'adopter ce
système en France. Chargé par le Roi d'en « faire
un essay » pendant son séjour à Sienne, de Mesmes dissuada le prince d'appliquer le *syndicat* à
la magistrature française, et ce projet fut aban-
donné.

quer après l'an, à la mode d'Italie. *Pour
en faire un essay*, il délibéra de m'envoyer vers les Sienois, qui, lors, estoient
en sa protection [1], et luy demandoient un

[1] L'État de Sienne s'étant révolté contre le
joug odieux des Impériaux, fut envahi en janvier
1554 par Médichino, marquis de Marignan,
Général des forces alliées de l'Empereur et de
Côme de Médicis, à la tête de 25.000 hommes.
Les Siennois appelèrent Henri II à leur aide et
les femmes elles-mêmes firent alors des prodiges
de valeur. Trois mille Siennoises, revêtues de
costumes magnifiques, conduites par la princesse Piccolomini et par les signoras Forteguerra
et Livia Fausta, portant des bannières où se li-
saient de patriotiques devises, défilèrent sur la
grande place de Sienne « *toutes résolues*, dit
Brantôme, *de vivre ou mourir pour la liberté :
et chacune portoit une facine sur l'épaule à un
fort que l'on faisoit, criant : France ! France !...*
Et, au retour du fort, les hommes à part et les
femmes aussy, rangés en bataille en la place,
auprès du Palais de la Seigneurie, allèrent, l'un
après l'autre, de main en main, saluer l'image de
la Vierge Marie patrone de la ville en chantant
quelques hymnes et cantiques à son honneur par
un si doux air et agréable harmonie que, partie
d'ayse, partie de pitié, les larmes tomboient des
yeux à tout le peuple. J'ay ouï dire à M. de la
Chapelle des Ursins, qui, lors, estoit en Italie et

Chef de justice ; ce qu'il descouvrit un jour à mon père, luy déclarant qu'il s'en vouloit fier en moy, sans recevoir l'excuse de ma jeunesse et peu d'expérience pour gouverner une province sy libre, sy mouvante et sy eslevée que ceste là. Tellement qu'ayant peu après conclud de donner secours au Pape contre les Colonois [1]

qui fit le rapport de ce beau trait des Dames Siennoises au feu Roy Henri (II), qu'il le trouva si beau que, *la larme à l'œil*, il jura que si Dieu luy donnoit un jour la trêve avec l'Empereur, qu'il iroit sur ses galères en la mer de Toscane et de là à Sienne pour voir cette ville si affectionnée à soy et à son party et la remercier de ceste brave et bonne volonté. » (Brantôme, édition de Londres, 1739, t. VIII, p. 3o3 et suivantes). Nous avons dit plus haut, comment, malgré les efforts et les secours de la France, la ville de Sienne retomba sous le joug des Impériaux. Les Siennois réfugiés à Montalcino y reconstituèrent le gouvernement de leur cité et prièrent Henri II de leur envoyer un Français pour Podestat. De Mesmes fut désigné par le Roi pour remplir cette mission.

[1] Partisans des Colonna, chefs du parti Espagnol ennemi du Pape. Paul IV ayant proscrit les princes Colonna et confisqué leurs fiefs, envoya à la cour de France, son neveu le cardinal

et accorder la Sainte Ligue qui luy fut
apportée d'Italie, il m'envoya quérir à
Tonnerre, où j'estois lors par son commandement pour doner ordre à ceste ville
à demy consomée du feu, et me commanda
de me disposer à ce voiage, me donant
la charge sur la justice de l'armée et
séance au Conseil estroit de l'Estat en ce
voyage, pour, estant l'armée à Rome, me
rendre incontinent au Sienois où il m'a-
voit auparavant destiné.

Nous partismes en fin de Novembre
1556 et laissay ma femme grosse d'environ 2 mois. Au passage, j'eus charge d'aller visiter aucuns Princes d'Italie, comme
aussy à Rome je saluay un à un tous les
cardinaux, de par le Roy, et assistay aux
Conseils d'Estat avec Mr de Guyse[1], le

Caraffa pour prier Henri II de défendre les droits
lésés du St-Siège et de rompre la suspension
d'armes qu'il avait conclue pour 5 ans avec
Charles-Quint à Vauxelles, le 5 février 1556. La
guerre fut décidée, le 31 juillet et le commandement de l'armée d'Italie fut confié au duc de Guise.

[1] François de Lorraine, duc de Guise, le vain-

Mareschal Strozzi[1], MM. de Vienne et de Selve[2], Vialart et La Marsilière, que Dieu nous a tous pris depuys.

Dez lors, on me fit instance de rester à Rome successeur de Mr de Selve, Ambassadeur là, qui retournoit vers le Roy ; mais j'estois *fils de famille* et ne fus conseillé

queur de Metz et de Renty qui, après tant d'autres triomphes, **devait mourir en** 1563, assassiné par Poltrot de Méré.

[1] Pierre Strozzi, fils du prince Philippe Strozzi et de Clarice de Médicis, cousine de la Reine mère, élevé à la dignité de maréchal de France, conduisit l'expédition de Sienne avec le duc de Guise et fut tué au siége de Thionville en 1558. Strozzi était un bibliophile distingué. Il avait acquis du cardinal Ridolfi, neveu de Léon X, la magnifique bibliothèque des Médicis dont, après sa mort, Catherine de Médicis exigea la cession de ses héritiers. Les 800 manuscrits grecs, latins, italiens, hébreux, arabes et français conservés par la Reine mère avec un soin jaloux furent, par l'entremise de de Thou, réunis à la bibliothèque du Roi en 1599.

[2] Georges de Selve, précédemment Ambassadeur de France à Venise, avait été nommé en la même qualité à Rome ; le Roi venait de mettre fin à sa mission et il se disposait à quitter la ville éternelle.

me charger de Légation de si grosse des-
pense. A Pasques 1557, je m'en allay à
Montalcino, où estoit lors la République
Sienoise et pris la charge de *Capitaine de
la Justice* : c'est le premier et souverain
juge en matières criminelles. Mais come,
avant moy, appartenoient à cet office les
peines et confiscations qu'il jugeoit, de
manière que, pour ce regard, on appeloit
de luy, ores que le criminel fut sans appel, je feis, en quittant ce proffit et bien
grand et bien vil, que je demeuray souverain en tout. Et y avoit un juge ordinaire
pour le civil, duquel je jugeois les appel-
lations en souverainetés : c'estoit ma
charge en la République ; mais, aux affaires de l'Estat du Roy, j'avois principal
pouvoir et seul la supérintendance sur
les finances.

Pendant que j'estois là, Mr de Guise as-
siégea Civitelle, qui est l'entrée du
royaume de Naples [1]. Durant ce siége,

[1] François de Guise traversa le Plaisantin et

Montluc, Lieutenant du Roy en la Toscane, ala vers Mr de Guise et je demou-
ray au Sienois avec toute auctorité abso-
lue, mesmes au Sienois[1]. Et advint, heu-
reusement pour moy, que je fey un petit
camp, sorty en campagne et repris bon
nombre de villes et chasteaux des nostres
que les Espagnols avoient surpris auparavant ma venue, entre autres un chas-

le Parmesan et se porta d'abord sur Bologne et
la Marche d'Ancône. Mais n'y trouvant aucun
des renforts promis par les Caraffa pour organi-
ser une résistance sérieuse contre les Impériaux,
il perdit alors un temps précieux. Reprenant le
commandement de ses troupes, il marcha sur les
Abruzzes, prit Campli et mit le siége devant la
place de Civitella ; mais les habitants de cette
ville se défendirent avec une énergie qui le força,
le 15 mai 1557, à le lever en raison de l'approche
de l'armée du duc d'Albe. Le Pape invita bientôt le duc de Guise à revenir à Rome pour protéger la ville menacée par les Colonna. il s'y
rendit, mais, le 15 août, il reçut une dépêche de
Henri II qui le rappelait en France avec les
troupes françaises confiées à son commandement. Paul IV dut traiter avec le duc d'Albe.

[1] Il était à la fois, écrit Scévole de Sainte-
Marthe, *Trésorier de France* et *Intendant de
Justice.*

teau *de gli Alte\i* qui nous incommodoit
grandement à Montalcino et empeschoit
tout secours de vivres, de munitions et
d'homes, estant ce chasteau sis entre
nous et la ville de Siene, que le Roy d'Espaigne tenoit lors, et distant seulement
de deux mile de Montalcino. Ceulx qui
m'accompaignèrent en ces expéditions
militaires furent le Baron de Serres en la
cavalerie, Bassompierre en l'artillerie et
avec gens de pied, les Colonels Chiaro-
monte et Moretto Calabrese avec leurs
régimens, et, de Françoys, avec leurs
vieilles compaignées Françoyses, les Capitaines Lussan, Blacons, Avanson, Antrechasteaux [1] et autres, demeurant le Capitaine Charry dans la ville pour la garde
d'icelle comme Gouverneur et de La Môle
à Grosseto pour le Martine [2] (*sic*). De tous

[1] D'Entrecasteaux, comte de Grignan, neveu
du cardinal de Tournon.

[2] Les copistes du Mss. autographe des *Mémoires* mettent ici « *Agresselle* » au lieu de « *à
Grosseto,* » ce qui n'offre aucun sens et renon-

ces Capitaines si cognus il n'est resté que moy et le S^r d'Antrechasteaux, neveu du cardinal de Tournon, qu'on nomme aujourd'huy le Conte de Grignan, Chevalier du Saint Esprit. Il adveint, pour ce que mon aage et ma grande charge ne pouvoient estre sans envie, que l'on m'en fit aussy bonne part que d'honeur et de pouvoir. Mais le Roy fut de mon costé, y envoya le Seigneur Francisco da Este[1] pour Vice Roy et me maintint avec beaucoup de tesmoignages de contentement, dont j'ay les lettres en bon nombre. Quant à la Justice, je m'exposay, après 14 mois de service, au Syndicat accoustumé, selon les statuts de Siene, et, après, l'examen de toutes mes actions, jugements et

cent à déchiffrer ce qui suit. Le texte ne laisse aucun doute et cette lacune se trouve ainsi comblée. Grosseto, ville située à 65 kilomètres de Sienne, compte aujourd'hui 2.500 habitants. C'est ce la Môle que Montluc accuse de Mesmes de vouloir faire nommer Gouverneur de Montalcino à sa place.

[1] François d'Este.

procédures [1], fut doné (par) les Commissaires sentence d'absolution de l'advis de
tous, selon la forme de leurs statuts et,
depuys, *tesmoignage de bien servy* par
toute la République, dont je rapportay
en France les lettres au Roy Henry mon
bon maistre, afin qu'il cogneust que je n'a-
vois pas failly en ma charge ny luy en son
élection [2]. Ces lettres sont céans, qui va-
lent bien d'estre gardées, pour la dignité
d'icelles. Je fu de retour à Paris le 18 juillet 1558, où je trouvé ma famille accreüe
d'une fille dont ma femme estoit accou-
chée moy absent, sept moys après mon
partement de France, qui fust le dernier jour de juin 1557, à 11 heures et

[1] Voy. la « *Descrizzione e verificazione di tutte
l'intrate e vendite cose de la Republica (Senese)
come anco delle communità de le terre del Dominio Senese sotto la protezzione del Re christianissimo.* » (Bibl. Nat. anc. F. nº 7057, F. de
Mesmes, nº 444.) Ce manuscrit, signé par Henri
de Mesmes, contient le relevé des recettes et des
dépenses de plusieurs villes comprises dans les
possessions de la république de Sienne.

[2] En son choix.

*Away from Paris : June 1557
to July 1558*

un quart du soir : et avoit nom Renée
mon premier enfant ; mais son aïeule, ma
belle mère, estoit morte durant ce voiage,
qui se nommoit Damoyselle Jehanne Mi-
chon, femme, certes toute de Dieu et très-
chaste. Le jour de sa mort fut le 12e mars
1557.

Quant au public, le Roy avoit remis
sus de grosses forces et sembloit presque relevé de la perte faicte à la Saint-
Laurent, près Saint-Quentin, en l'année
précédente. Or je le suivis en Champaigne et en Picardie, en cette grosse armée
d'Amiens et ne le laissay guière durant
la guerre ny en la resjouissance de la paix
depuys accordée, *où je le vy frapper*[1], à
Paris, d'un coup où il mourut et le repos
de la France avec luy, en fin de juillet
1559.

Lors, pour ce que j'avois faict grand
fondement de mes services en ce bon Roy

---

[1] Henri de Mesmes fut donc *témoin oculaire*
du régicide involontaire de Montgommery au
carrousel des Tournelles.

et que le changement du règne ne me
promettoit que nouveaux mouvements,
je me disposay, après sa mort, à moins
voyager et moins *courtiser*[1] et trouvois
qu'il valoit mieulx me tenir à mes livres
et à mon office, que je servois ordinaire-
ment depuis que mon père m'en eut
quité l'exercice à mon retour d'Italie.

Environ ce temps et le jour Sainct-Merry
29e aoust 1559, advint la mort de mon
beau-père M. Oudart Hennequin, Maistre ordinaire en la Chambre des Comptes
à Paris, que je puys dire un miroir et
vray exemple de modestie chrestiene et
de toute charité et rondeur. Il estoit
l'aisné des Hennequins de sa branche et
avoit vu mourir avant luy son frère
M. d'Acy, Premier Président en la cham-

---

[1] Moins fréquenter la cour. « *Et ne me pas
jeter aux troubles pour ce que je n'aimay jamais
la violence* ». (Passage rayé sur le Mss. autographe.)
Allusions aux cruautés qui, peu de temps après,
signalèrent la répression de la conjuration
d'Amboise.

bre des Comptes et sa sœur la Présidente
de Boulancour, tous deux, en leurs sexes
(sic), honorez de toute vertu, et laissa
après luy son autre frère, feu M. de Cury,
Président aux Enquestes, home sçavant
et très-bon Justicier, *plus clairvoyant des
yeux de l'entendement que de ceulx de son
corps*[1].

Ainsy mon beau-père ne vesquit qu'environ un mois après *mon Maistre*, qui
estoit notre Roy, et il pleut à Dieu, pour
alléger tant de douleurs que je recevois
coup à coup, de me doner dans l'an
un enfant, qui estes vous, mon fils, qui
nasquites le 27e juillet 1560, entre 5 et
6 heures du soir et beaucoup plus près
de 6 que de 5, fustes baptisé à Sainct-
Merry[2] et par mon père, vostre aïeul,
nommé de son nom *Jean-Jacques*. Il disoit que mon grand-père, vostre aïeul,
nommé de son nom, s'estant, après les

[1] Le Président de Cury avait été frappé de
cécité.
[2] L'hôtel de Mesmes était situé rue de Jouy.

guerres et longues fatigues de ce monde, voué à Saint-Jacques en Galice et laissant grosse sa femme qui estoit plus jeune nommée *de Canna*, ancienne maison en Guienne, ordonna que l'enfant qui naistroit en son absence eust le nom de *Jacques* avec celui de son parrain, dont est venu qu'en nostre maison tous ont eû deux noms, fors que moy, pour ce que mon parrain estoit Roy[1] et *son nom ne se devoit accompaigner de celuy d'un autre moindre.* Or vous ne fustes pas longtemps puisné, car Renée, ma fille, alla à Dieu deux ans après, qui fut le 30ᵉ jour d'avril 1562. Ce fut d'un abcès au cerveau, pour quelque cheute à la renverse dont la teste avoit receu le coup ; de quoy je ne sceu rien qu'après sa mort. Ainsy elle n'a vescu que 4 ans 9 mois et 2 jours 22 heures et demie ; et souvent je prie Dieu qu'il me done, à ma fin, autant de dévotion et de constance, selon mon sexe et

---

[1] Henri de Mesmes était filleul de Henri II.

mon aage, que j'en vey en la tendre enfance de cette pauvre innocente ! Je puys
dire aussy qu'en ma vie je n'ay reçeu une
pure et solide affliction que celle-là ; mais
c'est ainsy : *Dieu dispose : nous sommes
sous ses pieds, et il nous prend, vieux et
jeunes, quand il luy plaist !*

En ce temps-là florissoit, en France,
le Chancelier de L'Hospital, *home de
grandes lettres* et qui traictoit de la justice du royaume avec beaucoup de
louange : *au regard de la police et religion ou en parloit diversement* [1]. J'estois
Maistre des Requestes, et mon debvoir
m'obligeoit à me tenir près de luy [2] ; souvent il me fesoit tenir la chancellerie en
son lieu dedans sa salle et sceller en plain

---

[1] « On en débatoit et disputoit ; je n'y veis jamais
rien de mauvais. » (Passage effacé sur le Mss. autographe.)

[2] « Pour ma charge, il me monstroit tant d'amour
et de respect en mon aage, bien jeune au prix du
sien, que c'estoit un des plus grands contentemens que j'eusse lors, pour le regard du public. »
(Passage rayé sur le Mss.)

sceau quand il perdoit son sang et ne
pouvoit seoir ; puys je luy rapportois les
difficultés qui me sembloient dignes de
luy et attendois, pour ce faire, qu'il sentoit quelque allègement. Lors il me résolvoit en peu de temps sur tout ce que
j'avois remis à luy [1]. Bien souvent il entroit en discours avec moy des lettres et
plus souvent de l'Estat, avec autant de
sagesse que d'éloquence *Nestorienne* (car
je l'appelois ainsi[2]) que je confesse avoir
autant apris en son escole, après celle
de mon père, qu'en autre où j'aie esté de
mes jours. Et, entre mes papiers, parmy
les lettres des grands hommes de nostre
siècle, dont je garde bonne quantité[3],
j'ay quelque nombre d'épistres latines qu'il

[1] « Certes j'estimois beaucoup cet honeur qui
venoit de jugement et non pas de la fortune, et
mesme du jugement d'un tel censeur : et n'estions
guière de différent avis. » (Passage effacé sur
le Mss.)

[2] Nestor.

[3] « Qui sont en grosses liasses » (mots effacés
sur le Mss.)

m'envoyoit[1]. Or il ne dura pas tousjours et sentit luy-mesmes les poinctes de l'envie : et ont Olivier[2] et luy tous deux, les plus capables qu'on aît encores veu en tel estat esté ostés pour faire place à d'autres *qui ne leur ont pas succédé en tout.*

Au commencement de l'an 1568, après la reprise des armes et renouvellement des troubles, la Reyne mère du Roy prit la peine de me venir voir en ma maison à Paris, rue de Jouy, accompaignée du Cardinal de Lorraine et m'emmena avec elle à Saint-Mor[3] où elle me tansa de mon

[1] Ces épitres n'ont pas été retrouvées et ne figurent pas dans les œuvres imprimées du Chancelier de L'Hospital.

[2] François Olivier, né en 1493 et mort en 1560, fut successivement avocat, Conseiller au grand Conseil, Maître des Requêtes, Ambassadeur, Chancelier de la Reine de Navarre, Président à Mortier et Chancelier de France. Il édicta des lois somptuaires qui le firent disgrâcier par l'influence de Diane de Poitiers. On lui enleva les sceaux ; il conserva le titre de Chancelier de France et mourut dans la retraite en sa terre de Montlhéry.

[3] Sain t-Maur, qui fut le Trianon de Catherine

trop excessif repos et continuelle vacation d'affaires pour l'estude des lettres : « qu'il estoit temps de secourir sa patrie et qu'il ne seioit pas bien à un bon citoien d'estre sy à son ayse enfermé dans un jardin et un estude pendant la tempeste d'un orage public. » Je me défendy comme je peu, au despourveu et sans avoir prémédité ceste venue, mais je fu tant batu jusques presque à nuict close, que, le soir, au retour à Paris, je n'estois pas moy-mesme, et n'avois plus ma liberté entière.

La première proposition fust pour un voyage vers l'Empereur et les Princes d'Allemaigne, *où il falloit parler latin*

de Médicis, pouvait être considéré comme une sorte de temple voué par la Reine mère aux Muses de la Renaissance. On remarquait, au milieu de la cour, une statue dorée de François Ier, entourée de groupes représentant Diane, les Grâces et les neuf Sœurs, sculptés par les maîtres les plus fameux du temps. Sur le piédestal de la statue étaient inscrits ces vers latins :

Hunc tibi, Francisce, assertas ob Palladis artes
Secessum vitas si forte palatia gratia
Diana et Charites et sacrant vere Camenæ.

et, de trois nommés, j'avois esté choisy et
mes compagnons, Foix et Pibrac, remis
à autre employ. Je me défendy si bien [1]
qu'on se contenta des *harangues* et *instructions* que je dressay et d'y envoyer
ceulx que je nommay pour cela[2]. Tost après
je fus envoié vers le prince de Condé[3],

[1] « La mauvaise santé d'Henri de Mesmes, écrit
Moréri, l'avoit empêché d'accepter l'ambassade de
Vienne, à laquelle il avoit été nommé et dont il
dressa toutes les instructions. »

[2] « A la Reyne. » (Mots rayés sur le Mss.)

[3] Ces missions diplomatiques, qui n'étaient
point sans péril, inspirèrent à Passerat les vers
suivants :

IN LEGATIONEM MEMMII.

Ter conjuratos igitur legatus ad hostes
Visis Santonici littora curva maris ?
Nec metuis tanto (Superi hoc prohibete !) tumultu
Ne sanctum violent impia tela caput.
Lingua tibi est, Memmi, flectendis mentibus apta :
Cecropiumque tuo nectar ab ore fluit ;
Nectar quod placide si duras stillet in aures
Inviti e manibus militis arma cadant :
Sed non bacchantes Œagri filius olim
Materna Odrysias leniit arte nurus.
Difficile est dictis gladio retudisse furentes
Nam raucæ excutiunt verba diserta tubæ.
Rex tamen ire jubet : quando parere necesse est
Excipiat jussum lætius omen iter.
Corvus avis Phœbi, Phœbi precor adsit ab ortu
Longaque Mercurio sit via tuta duce.

(*Kalendæ Januariæ.*)

qui avoit grosse armée en Limosin ; durant ce voyage nasquit ma fille Judit, le jour de Sainct-Denys 9ᵉ octobre 1568. Je fus, quelques mois après, despéché pour une Diète impériale et finalement retenu au Conseil du matin où j'entrois quand on traictoit des affaires ; et fusmes un temps debout MM. de Rambouillet l'aisné, l'Evesque de Rennes Bouchetel et moy.

Mais, come Dieu entremesle les honeurs et les douleurs, au mois de septembre, estant avec la Reyne mère au Plessis-lez-Tours, j'eus lettres de l'extresme maladie de feu mon père, qui estoit lors Conseiller du Conseil du Roy et l'un de ceux qu'il avoit laissés près de M. d'Alençon à Paris pour les affaires du royaume. *La Reyne mère du Roy pleura de cette nouvelle* et dit, à un autre qu'à moy, que, depuys quelques jours, *elle l'avoit nomé et faict retenir Chancelier de France*[1]. *Mais il alloit alieurs, et luy*

[1] Lors de la disgrâce de L'Hospital (octobre

falloit faire un autre voiage! Par quoy,
m'estant rendu soudain près de luy, il
desclara mourir content puysqu'il m'a-
voit à sa fin, m'ordonna sa dernière volonté[1] (et à moy seul de tous les siens,)

1568), l'évêque d'Orléans, Jean de Morvilliers,
avait consenti à remplir provisoirement les fonctions de Chancelier, sans toutefois accepter le
titre officiel de cette charge.

[1] « Laquelle je mis en escrit et fort entièrement
suyvie et que je le trouvay presque passé quand
je l'apportay pour la luy lire. » (Passage rayé
dans le Mss. autographe.) « Jean Jacques de
Mesmes, dit Moreri, négocia le mariage de
Jeanne d'Albret, fille du Roi de Navarre et
unique héritière de ses états, avec Antoine de
Bourbon, duc de Vendôme, et il fut le ministre
d'une alliance qui a mis une couronne dans la
maison de Bourbon et donné à la France pour
Roi Henri-le-Grand. C'est ce qu'on apprend par
son testament, fait le 9 juin 1549. Il en fit un
second le 2 juin 1560 dans lequel on trouve une
preuve bien singulière de son attachement à la
religion catholique : il prive, par ce dernier testament, ses enfants de la succession de ses biens
s'ils changent de religion et, en ce cas, il nomme
le Roi pour son héritier et il le prie de faire
remettre par ses officiers la quatrième partie des
biens qu'il a en Gascogne entre les mains de
deux de ses plus proches parents qui se trouveront

puys trespassa le 19e septembre 1569;
il était né l'an 1410 (1490) et entroit
en l'aage de 80 ans[1]. Je diray, pour
un sommaire discours de ses ans, qu'il
n'avoit jamais acheté ny demandé office. Il avoit vendu, de son gré, celuy
de Lieutenant Civil et sur une promesse
d'un plus grand[2]; il s'estoit contenté, cependant, de celuy de Maistre des Re-

alors dans cette province, de son nom et armes,
pour en faire des aumônes et employer ce legs
en œuvres pieuses dans le pays même où ces
biens sont situés. Mais cette précaution fut
inutile et ses enfants ne furent pas moins les
héritiers de la pureté de sa foi que de ses autres
qualités. »

[1] Jean Passerat composa pour lui cette épitaphe:

Isto sub ære cujus ossa condita
Quæris, Viator ? Memmii Henrici pater
Situs hic quiescit. Sic nisi est notus satis
Aliis legenda hæc linque ; nescis litteras.

(*Kalendæ Januariæ*).

[2] Scévole de Sainte-Marthe dit que « le Roy, le
jugeant capable des plus grands emplois, l'envoya
pour les affaires de Navarre en Allemagne, en
Suisse et en Espagne en qualité d'Ambassadeur
de France. »

questes. Il avoit, à trois diverses fois en sa vie, gardé les sceaux de France faisant l'estat de Chancelier sens provision de l'office, et j'en ay encores les cofres des sceaux pour marque de cet honeur. Il a laissé en ses papiers les lettres de trois offices de Premier Président, à Tholose, Bourdeaux et Rouen, qu'il refusa à diverses fois l'un après l'autre, et ne receut qu'à force l'honeur de l'estat du Conseil privé, qui n'estoit pas vulgaire lors ; mais, sur ce qu'il remonstroit sa vieillesse et impuissance, le Roy Charles[1] réplicqua : « *C'est ce qui me faict vous prier d'en estre, pour éviter le blasme que ce me seroit sy vous mouriez sens en estre.* » Encore adjousteray-je ce mot que, s'estant le Roy François Ier lassé de feu Ruzé, son advocat au Parlement de Paris, il manda mon père, pour lors fraischement venu à Paris, pour luy doner cet office, lequel, aussy rudement que sévèrement, luy contesta

[1] Charles IX.

qu'il ne faisoit pas bien de despouiller son officier sans crime, et qu'il ne pourroit, luy vivant, aultrement vacquer.

« *Mais c'est mon advocat! Chacun prend celui qui luy plaist, serais-je de pire condition que les moyndres?*

« C'est, dit-il, l'advocat du Roy et de la Corone, non subject à vos passions, mais à son debvoir. *J'aimerois mieux grater la terre aux dents que d'accepter l'office d'un home vivant!* »

Le Roy excusa ceste liberté de parler et la loua, et changea de conseil, de sorte que, trois jours après, l'advocat Ruzé se vint metre à genoux devant mon père en son estude[1], l'appelant *son père et son sauveur après Dieu.* « *Je n'ay*, dit-il, *rien faict pour vous; ne m'en remerciez point, car j'ay servy à ma conscience et non à vostre satisfaction.* »

Certes c'estoient bones gens du temps

[1] Dans son cabinet; les officiers ministériels ont seuls, de nos jours, conservé cette appellation.

passé : ne l'un ne l'autre ne feit[1] à la mode
de ce temps[2], et chacun d'eux fit naïfvement en home de bien. *Pleust à Dieu
que ce bon exemple eust esté gardé depuys
à tous !*

Ayant porté en terre le corps de mon
père et rendu les derniers offices que mon
devoir et ma religion et piété me commandoient, j'allay trouver le Roy à Angers, qui, le lendemain, me feit faire le
sermant de Conseiller en son privé Conseil et y fus assis à l'instant[3] : la mesme se-
maine fut faict règlement du Conseil privé,
pour ce qu'à cause des guerres il y estoit
entré nombre de Chevaliers et grands seigneurs et quatre ou cinq homes de robe
longue peu de jours auparavant[4]. Par ce
règlement en fut ordonné six seulement

---

[1] « Ce qu'on ne faict pas aujourd'hui ». (Mots
rayés sur le Mss.)

[2] « Présent » (Mot rayé dans le Mss.)

[3] « Auprès de M^rs. de Morvillier et de Limoges ».
(Mots rayés sur le Mss.)

[4] « Qui rendoient le nombre déjà grand. »
(Mots rayés sur le Mss.)

pour le Conseil ordinaire des affaires du
Roy et de ses finances, et pour entrer à
son lever le matin aux affaires d'Estat :
je fu l'un de ces six. Les autres estoient
Morvillier[1], Lansac[2], Pellevé[3] Limoges
et Birague[4], de façon que, pour ce temps-

[1] Jean de Morvilliers naquit à Blois le 1er décembre 1506, entra dans les ordres, fut nommé Ambassadeur à Venise, obtint ensuite l'évêché d'Orléans en 1552 et se démit bientôt de ses fonctions épiscopales pour des raisons de santé. A la mort du Chancelier Olivier, il refusa les sceaux et contribua à les faire donner à Michel de L'Hospital ; lors de la disgrâce de ce dernier, il se vit contraint de lui succéder. On a de lui une réponse au discours de Coligny au sujet de la nécessité de déclarer la guerre à l'Espagne, des mémoires et des inctructions diplomatiques. Morvilliers remit les sceaux au Roi en 1571 et mourut dans la retraite le 23 octobre 1577.

[2] M. de Lansac, Conseiller et chambellan du Roi, nommé Ambassadeur à Rome en 1561 et au concile de Trente en 1562.

[3] Nicolas de Pellevé, Cardinal archevêque de Reims, se montra l'un des plus ardents partisans de la Ligue et mourut en apprenant la nouvelle de l'entrée de Henri IV dans Paris.

[4] René de Birague ou plutôt *Birago*, né à Milan en 1507, devint Conseiller au Parlement de

là, le Conseil des finances estoit seulement desdits sieurs de Morvillier, Limoges et moy. Les autres estoient absents et n'y avoit autre Intendant que Marillac. Cela a bien esté remué[1] depuys et come les affaires et finances furent plus malades, *plus de médecins, moins de remèdes!*

M. de Biron   reveint peu après du

Paris sous le règne de François Ier, puis surintendant de la justice. Charles IX le créa Garde des sceaux en 1570 et Chancelier de France en 1572. Après la mort de sa femme, Valentine Balbiani, il reçut le chapeau de cardinal et mourut en 1583. On voit encore au Louvre, (salles de la Renaissance), les mausolées élevés au Chancelier et à la Chancelière de Birague, dans l'église de Sainte-Catherine-du-val-des-Escoliers; leurs statues funéraires sont sculptées par Germain Pilon.

[1] Changé.

[2] Armand de Gontaut, baron de Biron, né en 1524, servit en Piémont sous les ordres du Maréchal de Brissac et, malgré ses tendances protestantes, prit part aux journées de Dreux, de Saint-Denis et de Moncontour dans les rangs des catholiques. Nommé en 1569 grand-maître de l'artillerie, Biron fut plus tard, en 1577, créé Maré-

voiage qu'il avoict faict vers les Princes
de Navarre et de Condé et l'Amiral amena
avec luy Beauvais et Téligny[1] qui parloient de paix. Le Roy y voulust entendre
et *me choisit pour, avec ledict S^r de
Biron, les aller trouver et traicter.* Je
party de Chasteaubriant en May 1570,
alasmes à La Rochelle vers la Reyne de
Navarre ; de là fusmes trouver les Princes

chal de France. Il commanda en Guyenne, dans
les Pays-Bas et en Saintonge et seconda vail-
lamment Henri IV à Arques et sous Paris.
Biron fut tué en 1592 au siége d'Epernay.

[1] Charles de Théligny, originaire du Rouergue,
fut élevé dans la maison de Coligny. Avant la
bataille de Saint-Denis, il porta à la Reine mère
des propositions de paix qui furent repoussées ;
en 1568, il assista aux conférences de Châlons et
signa ainsi que Bouchavannes la paix de Longjumeau. Dans la 3ᵉ guerre dite de religion il occupa
Châtellerault, assista au siége de Poitiers et prit
part aux négociations du traité de Saint-Germain.
Théligny se retira ensuite à La Rochelle où il
épousa, en 1571, Louise de Coligny, fille de
l'amiral ; il périt l'année suivante dans les mas-
sacres de la Saint-Barthélemy. Sa veuve se
remaria à Guillaume de Nassau-Orange, assassiné
en 1584 ; par son fils Henri-Frédéric, elle est la
bisaïeule de Guillaume III Roi d'Angleterre.

en Auvergne puis retournasmes vers le
Roy à Gaillon, qui s'en reveint peu après à
*Saint Germain-en-Laye où nous luy me-
nasmes les Députés des Princes et la paix*[1]
y fut conclue et selée (scellée;) on la disoit
boiteuse et mal assise[2] et je n'en ay point
veu, depuys 25 ans, qui ayt guière duré.
Ainsy advient-il des guerres civiles,
mesmes pour religion, *et nous y somes
encore!* Si diray-je, pour mon regard, que
je rapportay au Roy deux choses dont il

[1] La paix de Saint-Germain. D'après les clauses
du traité, les libertés de culte et de conscience
étaient reconnues dans une certaine mesure. Les
protestants devenaient libres d'aspirer à tous les
emplois. Les places de La Rochelle, de Cognac,
de Montauban et de la Charité, boulevards des
réformés, étaient remises pour deux ans à la
garde de Henri de Navarre et de Condé. Par un
article secret, le Roi faisait des avantages per-
sonnels considérables aux chefs Je l'armée pro-
testante, et s'engageait à payer cent mille écus
aux Reîtres qu'ils avaient appelés contre lui.

[2] Le sentiment de modestie qui porte de
Mesmes à rappeler ici ce trait satyrique dirigé
contre le traité qu'il venait de conclure avec tant
d'efforts, est digne de remarque et peint bien son
caractère.

eust contentement : l'instruction qu'il
m'avoit baillée secrètement à part, escrite de sa main avec si bon mesnage [1]
que je n'avois pas encore tout acordé ce
qu'il m'avoit permis, et *la paix ou guerre
à son choix, sens que rien dépendist plus
que de sa seule volonté,* c'est-à-dire toutes
choses en leur entier et ne sceut onq
tirer de moy autre advis synon : « *C'est
un coup de maistre! je vous mets à mesme ;
voulez, ce qu'il vous plaira, il sera faict,
car l'un ou l'autre est préparé avec tous
moiens possibles.* » Il le trouva bon ainsy
et opta la paix. Il est vray que la Saint-
Barthélemy la rompit au bout de deux
ans, et est bien vray aussy ce qu'on dict
que *les grands Empires ne sont jamais
longuement en repos. Quoique ce soyt
je puis bien jurer y avoir procédé sincèrement et dire que je deslivray, pour ma part,
à ceste fois, la France d'une très-sanglante
et très-périlleuse guerre ; dont j'espère*

[1] Avec tant de prudentes réserves.

*que les gens de bien me sçauront tousjours
gré* [1].

[1] Passerat composa la pièce de vers suivante
sur la paix de Saint-Germain :

IN MEMMII ET BIRONII PACIFICATIONEM

...Dum trepidat cæci densa in caligine belli
Gallia, et infelix flammis civilibus ardet,
Memmi consilium et Birone vivida virtus
Erigit afflictos populos firmatque labantis
Imperii exhaustas multo jam sanguine vires.
Non tamen, ut Laertiades, fraude usus et astu :
Prodita Bistonii vastas tentoria Rhæsi :
Sed consanguineas (tantum facundia pollet)
Concilias acies, ramis velatus olivæ :
Quas toties, laceri diviso corpore regni,
Impius adversas decimum furor egit in annum.
Ter tentata fuit fessis concordia rebus :
Ter majore odio commota exarsit Erinnys,
Semper ob accepta renovans mala robora clade.
Finis erat nullus, cum tu, moderatus utrinque
Mollibus inflecti nimium corda aspera dictis.
Sic equidem tales præstat componere motus,
Omnia quàm incerti arbitrio permittere Martis.
Nam volat ambiguis anceps victoria pennis,
Nec læta esse potest gentili imbuta cruore :
Et retinere modum successu ignara secundo,
Insultare solet victis ; male temperat iras.
Sæpe etiam victor, conspecta strage suorum,
Funestam palmam diri certaminis odit.
Testis Agenoreæ pugna est fraterna catervæ
Edita. Dircæi sparso quæ dente draconis,
Natali cecidit per mutua vulnera campo.
At pax consiliis et mentis acumine parta,
Felices habet eventus, nullumque dolorem,
Nec lacrymas, nisi quas subito nova gaudia mittunt.
Hinc nitidus florescit ager portisque reclusis,
Ludo exercentur, tranquillisque artibus urbes.

Après la Saint-Barthélemy, qui fust
le 24ᵉ aoust 1572, le Roy me força de
prendre la charge du Roy de Navarre et
de ses affaires et de la Reyne de Navarre,

Quæ tibi, quæ tanto solvantur nomine grates,
Optatæ interpres pacis ? quæ digna parentur
Munera, et egregio monumenta dicata labori ?
Si te antiqua juvant servati præmia civis,
Decerptæque sacra magni Jovis arbore frondes,
Jure tibi posthac uni Dodona virebit,
Qui potes invito servasse tot oppida Marte.
Per te Astræa redux ipsis delabitur astris,
Spicum illustræ manu gestans, quo sidere flavet
Mox positura seges maturæ pondus aristæ :
Funditur et terris pleno bona copia cornu.
Vincta immanè fremit duris Bellona catenis :
Danubiique undas, et barbara flumina Rheni,
Nostro pulsa sono, pubes Germana revisit.
Mutantur rigidi curvis nunc falcibus enses,
Ut Cereri incumbat factus de milite messor :
Durus et innocuis glebas invertat aratris
Rusticus, aut festa celebret convivia luce ;
Et, bene te, Memmi, sua quisque ad pocula dicat.
Obscæni valeant tristi cum carmine vates ;
Vel melior possessa agitet præcordia Phœbus.
Diffugiant ad Sarmaticas damnata pruinas
Monstra hominum, placidæ semper quæ inimica quieti,
Queis privata domus communi fulta ruina.
Læta dolis, flicti specie grassantur honesti
Rumore et linguis civilia bella protervis
Exacuunt, segnes torpent ad prœlia dextræ.
Memmius eloquio, ut clava Tiryntius olim
Tætra hæc monstra domans iter altro affectat Olympo.
Nec minus interea stolidæ connicia plebis
Imbellesque minas et inania murmura temnet :
Murus ahenus erit recti mens conscia facti :
Mæreat Invidia infelix, turpique cruentam
Expleat ingluviem sanie et serpentibus atris :

ainsi que le contient le brevet du forcé commandement qu'il m'en feit qui contient mes longs refus et contestations, et le Roy desclara *qu'il le vouloit et me le commanda absolument et que c'estoit pour mettre poine de les retenir toujours en son obéissance.* Il est vray qu'on vouloit que je fisse plus de miracles que les Saincts et je ne pouvois et advoue que, come je jugeois dez lors, ce me fut un reculement et esloignement des affaires de France, où ceulx qui estoient après moy prirent pied. Cependant, encore que le Roy Charles, mon autre bon maistre, qui mourut en l'an 1574, m'avoit retenu, peu de jours avant sa mort, pour servir près de luy en toutes ses affaires, car il se défaisoit de ceux qui les tenoient lors,

Nam rabies vano desæviet irrita morsu.
Quondam etiam famæ succedet fama superstes
Nobilior longoque decus sibi quæret ab ævo
Sicut odorato de funere surgit Eois
In lucis Arabum formiosior unicus ales,
Magnus ab extremo cùm mense revolvitur annus.

(*Kalendæ Januariæ* de Passerat.)

pour le moins je ne sorty jamais des com-
mandements du Roy en cette charge près
le Roy et Reyne de Navarre et, après sa
mort, je les accompagnay à Lion au devant
du Roy Henry revenant de Poloigne
(1574), où je dy, en Conseil de grande
compaignée, au Roy de Navarre, la Reyne
sa femme présente, que je trouvois sa
maison si chargée et engagée qu'il n'y
avoit pas plus de sept vingt mil livres de
revenu, charges desduites ; que sa des-
pense montoit bien deux fois autant et
qu'il n'estoit en puissance d'home né
d'y pouvoir tenir pied sens mal contentement de tous et, ce peut être, de luy
mesme ; que j'avois pris sur moy gros
deniers à Paris pour le mener jusques là
pour lesquels on procédoit par exécution
sur mes biens, car c'estoit près de 40.000
livres, et que je voulois y aller doner
ordre. Je pris ce prétexte pour me retirer
peu à peu ; aussy estoient passés les deux
ans que je leur avois promis et m'en vins
à Paris par congé du Roy, ores que ce fut

avec apparent regret du Roy et de la Reyne de Navarre qui ne me peurent retenir davantage.

Le Roy, en 1575, venant à Paris, fut un jour et demy à Roissy [1], comme il m'avoit mandé par ses lettres, disant : « *Je viens vous quérir jusques en vostre maison.* » Puys me commanda de servir en son Conseil [2], ainsy que je faisois soubs le Roy son frère ; mais *je me le fis commander plus de deux fois.* Et, l'an 1578, quand il dressa son Conseil d'Estat il me bailla l'une des principalles charges de la direc-

[1] Roissy, *Rossiacum*, bourg du département de Seine-et-Oise assez voisin de Pontoise, devait son nom, dit Piganiol de la Force, à « un antique château flanqué de tours rondes à l'antique et entouré d'un parc de cent arpents, qui a appartenu à la maison de Mesmes. » (*Description historique de Paris et de ses environs* par Piganiol de la Force, 10 vol. in-12, t. IX, p. 343.) En 1703, Claude de Mesmes, comte d'Avaux, fit démolir le vieux manoir qui fut reconstruit sur de nouveaux plans ; ce domaine sortit de la famille de ses anciens propriétaires en 1713.

[2] « Matin et après-dîner », (Passage rayé sur le Mss. autographe).

tion de ce nouveau règlement, encores
que je vey bien que c'estoit, par la mul-
tiplicité de la troupe, quelque diminu-
tion de dignité à ceux qui souloient y
avoir plus d'entremise. Depuis je con-
tinuay tousiours de servir tant et sy peu
que l'on voulut, jusqu'à ce que le Roy,
étant à Blois après Pasques 1581, m'appela en son cabinet et me dit qu'il désiroit
se servir de moy en ses privez affaires,
ayant cogneu de longue main mon affection à suyvre et servir les sienes avec
preuve de ma fidélité et de quelques
autres parties qu'il disoit louer en moy.

Je luy demanday sy ce n'estoit pas assez
de le servir en son Conseil d'Estat avec
charges ordinaires qu'il me donoit, n'estimant pas avoir assez de suffisance pour,
avec cela, luy rendre encore autres services
assidus et particuliers et me défendre de
l'envie que j'avois toujours eu au visage [1]
en le servant.

---

[1] On dit aujourd'hui *envisagé*.

Il respondit qu'il se sentoit luy mesme bien souvent travaillé des mauvaises volontés, mais qu'il me doneroit le mòien d'en bien venir à bout et que, le servant ainsy, je bastissois une trop grande fortune pour en craindre l'événement.

Après qu'il se fust ouvert à moy des affaires qu'il avoit à cueur, je lui dis: « *Souvenez vous, Sire, que vous me faictes faire le saut périlleux!* Mais cela ne m'empêchera pas de vous obéir avec toute fidélité! »

Il trouva ce mot de *saut périlleux* un peu *nouveau*[1], car, le luy ayant répété, trois jours après, il répliqua soudain: « *Vous me l'avez déjà dict; pourquoi dictes-vous cela?* »

« Pour ce, dis-je, que desjà on escoute[2] quels commandemens je reçoys icy de vous et quels peuvent être les subjects de

---

1 « Dur » (A ce mot, effacé sur le Mss., de Mesmes a substitué le mot « nouveau. »)

2 « On regarde ce que je reçoy icy de » (Mots effacés sur le Mss.)

si estroictes conférances. Aus sytost qu'on en pensera avoir déscouvert quelque chose, si on ne peut s'opposer à vos volontez [1], pour le moins on ne m'espargnera pas et peut estre ne serez vous aussy soigneux de me conserver que j'auray esté de vous bien servir. »

Lors il luy pleut me faire *grands sermants de sa constance et déterminée protection et amitié*, qu'il me promettoit avec plus d'asseurance qu'il n'en fault pour persuader un plus grand Philosophe que moy, et adjousta deux fois ce mot « *qu'il n'auroit jamais un pain où je n'eusse pas la moitié.* » Que pouvois-je synon luy obéir [2] et, certes, il n'y avoit en moy ny ambition ny autre cupidité ; *ce sont, ce dit on, les fléaux des grands esprits, aussy je me réjouis que le mien n'est pas grand!*

Tant y a que me voilà, de ce jour, asservy à une incroyable poine mais encores avec plus d'affection que de sub-

---

[1] Variante « Rompre vos desseins. »
[2] Variante « complaire ».

jection. Je puys dire, sans mentir, que
les conseils et les volontés se prenoient
sens moy ; on se servoit seulement de
mon advis à l'exécution [1]. Dieu soit loué !
je tirois à mon pouvoir les choses résolues
au pied de la raison et, certes, je y trou-
vois le Roy fort enclin [2].

Toute l'année passa ainsy ; je ne tairay
pas que le Roy qui, dez longtemps, m'avoit
voulu doner un office de Président à Paris
et m'en avoit toujours trouvé esloigné,
me contraignit de prendre, au lieu de cela,
vingt mil livres *qu'il luy pleut m'envoier*
jusque dens mon cofre avant me dire que
c'estoit pour moy. Il sembloit que j'avois
part à sa bone grâce et quelque faveur
intérieure, et *plusieurs mettoient poine de*
m'avoir pour amy. Mesme ou voulut que
j'eusse charge de la maison de la Reyne
ce qu'on appelle *Chancelier* en celles qui

---

[1] « A les effectuer, en quoy, si je ne les rom-
pois, pour au moins essayois-je de les rendre
moins... » (Mots effacés sur le Mss. autographe.)

[2] Variante « Disposé. »

ont des terres. L'office de Conseiller au
Parlement que vous, mon fils, tenez, me
fut, lors, baillé pour deux mil cinq cents
escus de prest avec don du reste ; puys
on m'assigna de ce prest. Il m'a fallu,
depuys, bailler pareille somme pour en
avoir rente. *Vous croirez, comme de moy
à vous, qu'en toute cete vie je ne souhaitois
autre bien que la maison, et, de cette
faulse félicité que les autres vont recherchant, je n'ay jamais gousté plus grand
fruict que le mespris d'icelle.* Je discourois
en moy mesme combien la bone grâce
d'un si grand Prince aporte avec soy de
faveur et de tremeur [1] et me sembloit que
c'estoit bien proprement parler quand les
emplois près de tels Roys s'appellent *les
grandes charges ; et come aucuns, ayans le
Roy pour eux, n'ont peur de rien, moy,
au contraire, avois peur de tout* et l'ordinaire compaigne de la grande fortune
m'estoit la grande crainte.

[1] Crainte, tremblement.

Or, le 17 janvier 1582, le Roy m'appela en son cabinet et me dict qu'il n'avoit pas contentement[1] de ce que ses privez affaires n'aloient come il désiroit. Je luy dis soudain : « Vous a-t-on dict, Sire, que j'en aie gasté[2] quelque chose ? Y a-t-il plainte de moy devant Vostre Majesté ? Dictes le moy, s'il vous plaist, car je vous éclairciray avant partir de ceste posture où je suys[3], et sy, après ma deffense, vous me trouvez coupable, je ne vivray plus une heure après : j'ay trop de cueur et de fidélité pour vivre une heure après vous avoir offensé par ma faulte ! »

Il me dict : « Devinez de cela ce que vous pourrez : je ne vous en diray jamais rien ; *mais il y a quelques nuicts que je ne dors point.* »

---

[1] « De mon entremise en ses secrets affaires et qu'ils vouloient estre maniez avec plus de secret et de respect. » (Variante du Mss. autographe.)

[2] « Publié ou esventé. » (Variante du Mss. autographe.)

[3] De Mesmes s'était agenouillé aux pieds du Roi.

« Je voy bien, dis-je, que vous trouverez bon que je me retire en ma maison ? »

« Ouy : *vous ferez bien de ne venir icy en mon cabinet ny chez ma femme.* Quant au Conseil, il y a assez temps d'icy en septembre pour votre quartier ».

Lors je vey bien que c'estoit une chose concertée et que la partie en estoit faicte ; parquoy je me mis un genou en terre et luy dy : « Sire je vous supplie en l'humilité que peut un très-humble subject, rendez moy la justice que doit un bon Roy ! Sy je n'ay point faict de mal je ne doys être condamné et sy j'en ay faict, c'est trop peu. Dites moy de quoy on m'accuse : non seulement je me justifieray tout maintenant, ains vous prouveray soudain la faulseté et mensonge de l'accusateur. »

« Rien pour cela ; ains seulement je ne vous diray autre chose. Levez vous et vous en allez quand il vous plaira. »

Soudain je me levé et dy : « Adieu, Sire. »

« Adieu, M. de Roissy. »

Tout cela avec tant de modestie et de retien et de mots comptez que facile estoit à juger que cete action estoit concertée, promise et stipulée[1]. Ce colloque fut un peu plus long, mais c'est la substance et tant modéré qu'en la mauvaise impression je connoissois que son bon naturel et mon innocence combatoient contre ce qu'on luy avoit faict promettre ; et *eust esté malaisé de discerner sy avec plus de regret je le laissois ou il me perdoit.* Il m'avoit toujours promis que, quand on luy parleroit contre moy, il me le diroit et il fallut bien que l'instrument de ce mal eust beaucoup de pouvoir sur sa volonté ! Certes je n'en sceu pas lors da-

[1] « Variante : « Je le suppliay lors, un genou en terre, me traicter, come son subject, par la justice et me dire mon accusation pour me deffendre sens delay, offrant de luy faire voir promptement la calumnie et faulseté de l'accusateur, ce qu'il ne voulust onq. Par quoy, je pris congé de luy et de la Reyne et m'en veins chez moi. Et voilà, en vérité, les propos que nous eusmes, à quoy je ne change rien excepté que... »

vantage, encore qu'il sembla me vouloir laisser croire que la Reyne sa mère le désiroit ainsy ; car, entre autres traicts, il me dict : « *Si ce n'estoient que serviteurs je ne me mouverois pas !* »

Je dy soudain : « *C'est donc la Reyne vostre mère ?* »

Il répliqua : « Devinez ce que vous luy avez peu dire. »

« Je luy dy soudain un propos entre elle et moy tout bon et à l'advantage d'eux deux.

Il respondit : « N'y a que cela ? »

Je dy : « Non, sur ma vie ! »

« Allons, je le luy diray devant vous et le maintiendray. »

Il me dit en partant : « *Jamais home n'a eu de moy tant de privauté et jamais n'aura !* »

« Je n'en ay, dis-je, pas abusé et vous ay gardé fidélité ! [1] »

---

[1] Le curieux passage qui suit est raturé sur le Mss. autographe : « Je ne diray pas icy tout ce ce qui me semble de ce prince. C'est besoigne de

Pour lors, je n'en sceu pas davantage, et m'en croyez ; *il n'y a icy personne pour me faire jurer!* Tant y a qu'en tout cela il ne peut (y) avoir rien du mien ; *il n'est pas tousjours au pouvoir des gens de bien de plaire à ceulx pour qui souvent ils déplaisent à beaucoup et quelquefois à eux mêmes : mais, quand on faict ce qu'on doit, il faut attendre des Roys ce qu'il leur plaist !*

Partant d'avec le Roy, je pris congé de la Reyne sa femme, que je laissay, come il me sembla, assez triste ; et j'avois esté, les deux jours précédens, longuement avec elle, présents M. le comte de Fiesque et Mme Dampierre, où nous avions faict son estat, en quoy elle voulut user principalement de mon conseil et commanda

plus longue alène (*sic*): il me suffira, pour ceste heure, de dire que... De vous dire icy le fond de ceste matière, ce n'est possible pas le lieu et aussy peu le temps et il y auroit peut-estre plus d'un jugement à déduire et Dieu veuille que je n'en die jamais davantage ains aussi peu, de crainte de mentir ! »

qu'on mit ma femme au chapître de ses
dames pour l'une d'icelles.

Le jugement du Roy, que je viens de
dire, fut ainsi doné sur moy sans m'ouïr
le 17 janvier 1582 jour depuys vrayement
fatal en fortune pour la France comme il
parut en Anvers[1] au période de son an

[1] Allusion à la malheureuse entreprise du duc
d'Anjou et de Brabant sur Anvers qu'on appela
la *Folie d'Anvers* et qui ruina sans retour la situation de ce prince dans les Pays-Bas. Nous
avons vu plus haut, que Mathieu, dans son *Histoire de France*, attribue cette brusque attaque
d'Anvers à une lettre de la Reine mère, dans
laquelle cette princesse écrivait au duc d'Anjou
« qu'en l'estat où il estoit, il ne devoit attendre
aucun secours d'elle ny du Roy ; qu'il estoit
comme l'oiseau sur la branche et sortiroit de ce
pays avec autant de regret que l'archiduc Mathias
y avoit receu de bonté et de plaisirs... Quand ils
auront tiré de vous le verd et le sec, ajoutait
Catherine, ils vous feront de mesme et vous
chasseront pauvre, déshonoré et nécessiteux ! que
si vous aviez cinq ou six bonnes places entre les
mains qui vous feussent bien asseurées et par
lesquelles le passage feust ouvert pour aller et
venir là où vous estes, je croy que le Roy mon
fils pourroit entendre à vous donner secours,

courant. Ja ne me tiens-je pour tel que
mes playes soyent pour saigner jusques
au bout de l'an, ny que les aspects des
astres doivent régler leurs retours sur les
accidents de mes influences, jaçoit[1] qu'on
ait quelquefois veu ramener aux homes
dans semblables termes les effects de la
main de Dieu. Mais je dy avec les sages
que la Fortune est commune à tous ceux
qui mangent des fruicts de la terre et
quoy que le renvoy[2] sur mon mal ne soit
que rengrègement d'amertume, si m'est-
ce certaine recognoissance de ce grand
œil qui tout voit que, *l'an révolu et au
mesme jour heure et moment de ma briève
sentence, plus puissans que moy furent
eux-mêmes condamnés et punys à leur*

pour le désir qu'il a de veoir vostre fortune
establie. Autrement, n'espérez pas, sur un fondement incertain, pouvoir tirer secours de luy. »
« Cela fit résoudre le duc ou à se perdre ou à
s'asseurer du pays. » (*Histoire de France* de
Mathieu, t. I, p. 480.)

[1] Quoique.
[2] Retour.

tour sens estre ouys en leurs deffenses,
couvrant d'une longue et publique ruyne
les masures entr'ouvertes de ma petite
cahuete[1]. Mais c'est trop philosopher
pour si peu de suject.

Me voilà, une heure après, chez moy,
franc des accoutumez labeurs franc de
passion, contant d'avoir mon ordinaire
souhait qui estoit d'une vacation et repos
pour la fin de mes jours, sinon avec les
bones grâces que je desirois, au moins
avec mon innocence certaine et congrue,
comme j'estime, par tous les gens de bien.
Je voyois aprocher la ruyne de ce royaume;
je la sentois desia sur nos testes; je disois:
« ce qui m'est advenu adviendra bien
tost à plusieurs: mon désastre présent
devancera de peu de mois ou, pour le
plus, de peu d'années le désastre public;
de plus grands maux se préparent; de
plus tristes accidens nous menacent, nous
pressent, nous talonent, nous commandent

---

[1] Cahute, chaumière.

ou de retenir nos pleurs ou de les garder
pour eulx [1].

Je me résolus donc, après avoir remercié
Dieu, adverty ma femme, receu et honoré
les complimens des Princes et Princesses et de plusieurs mes Seigneurs et
amys, d'embrasser gaiement cete vie
privée mais non plus oisive, me plonger
profondément (dans) les estudes des bonnes
lettres et libérales disciplines auxquelles

---

[1] « La disgrâce, écrit Le Laboureur, le ren-
voya à son cabinet avec plus de joye que la Fortune, qui dresse des embusches aux sages en
faveur des téméraires et, d'ailleurs, fortifié de la
puissance et de l'autorité royale, ne l'en avoit
arraché. S'il eust eû moins de qualitez ou bien
s'il eut tesmoigné moins d'attachement au service du Roy, c'est-à-dire à ce service qui ne
regarde que la gloire du maistre et lè bien de ses
sujets, il auroit eû moins d'ennemis. Mais sa
vertu estoit suspecte dans le dessein que l'on
avoit de brouiller de telle sorte les affaires de ce
prince qu'on pust disposer de sa succession et
on ne vouloit auprès de luy que des personnes
qui songeassent plutost à profiter qu'à mettre
remède au désordre du gouvernement » (*Additions
anx Mémoires de Castelnau* par Le Laboureur T.
II p. 109.)

je me sens plus né que norry, m'envelopper dans ces belles munitions de l'âme,
couvrir mon esprit des galions de la raï-
son et constance afin que la douleur ne
peut entrer dans moy au deffaut du harnois [1]. Voilà comme j'ay vescu depuys.

Et come, le lendemain, le Roy, poussé
par quelqu'un, m'escrivit que je luy ren-
voyasse les clefs du Trésor de ses Char-
tres, je les luy renvoyay promptement
avec une lettre qui disoit « que vous, mon

[1] « Toute la vie de cour est un perpétuel tour-
ment. Nostre vacation est un continuel contentement. Il n'y a rien sy plein de sollicitude que
la continuation d'une grande félicité, rien sy
couvert et asseuré que le mespris de nostre vie
privée que l'estat de nostre présente condicion
moins que médiocre, libre d'envie et de toute
passion. La faveur de la cour est une volupté
sérieuse mais trompeuse : nostre loisir est sens
esclat mais sens crainte. Les honeurs de la cour
sont hault montez et à la tempeste ; nostre repos
n'a moins de lueur et moins de peur ; nostre vie
privée moins peureuse, plus heureuse. La faveur,
la puissance, les charges, chargent, foulent,
grèvent, profitent peu, menassent prou. » (*Fragment autographe inédit* supprimé en cet endroit
par Henri de Mesmes, F. Français N° 729 p. 32.)

fils, estiez pourveu de cest office mais qu'il estoit le Maistre. » Lors il m'envoia le Procureur Général de la Guesle père, pour sçavoir si je voulois retenir l'office ou en recevoir le prix. Je luy rendis ma robe, come on faict à un retrayant, et il m'envoia lendemain deux mille escus pour prix d'iceluy, ce que j'optay avec beaucoup de raison ; car l'envie et mauvaise volonté des méchans luy eut peu persuader que j'eusse, pour revanche, gasté et perdu les titres de la Corone, que je sçay estre tous en ruine et dissipez, qu'il n'y a rien presque aux layettes. En ce nouveau repos, libre d'envie et de passion, franc de tout labeur fors de celuy que j'employe à la culture de mon jardin et de mon esprit[1], Dieu m'a faict

---

[1] Nous croyons devoir exposer ici l'*index* des principaux opuscules et fragments de Henri de Mesmes que nous avons trouvés à la Bibliothèque nationale au nombre des manuscrits de l'ancien *Fonds de Mesmes* :

1° Notes géographiques sur quelques lieux

beaucoup de grâces que je tiens plus chères et plus précieuses que l'agitation

contestés des *Commentaires* de César avec plan et carte.

2° De l'oraison de Xénophon sur les louanges d'Agésilas (*autographe*).

3° Traduction de divers passages de Plutarque sur les éclipses de lune et de soleil (*autographe*)

4° Manuscrit *autographe* des Mémoires.

5° Fragments.

6° Discours sur la mort de M. le président de Morsan.

7° Discours pieux en latin.

(V: F. fr., n° 729.) On a encore de Henri de Mesmes un essai de traduction et de réfutation du *Discours sur la servitude volontaire* d'Estienne de la Boëtie qui commence par ces vers :

> *D'avoir plusieurs Seigneurs, aucun bien je n'y voy :*
> *Qu'un, sans plus, soyt le maistre et qu'un seul soyt le Roy.*

Henri de Mesmes cultivait les Muses avec succès ; les pièces suivantes de Passerat font allusion à ses talents poétiques :

1

IN LAUROS H. MEMMII FRIGORE MORTUAS :

> *Laurus, amor Phœbi et faciem mutata puellæ,*
> *Et etiam Phœbi Memmius alter amor :*
> *Nec tamen absurdum, quod Memmii nuper in hortis*
> *Aruit indigno Laurus adusta gelu.*
> *Quid faceret Phœbus ? Sic ipse hoc tempore friget*
> *Auxilio, ut nequeat frondibus esse suis.*

(Kalendæ Januariæ.)

continuelle des flots de la Cour, en ces
meurs tant corrompues, tant *maritimes* [1],
où souvent on *pérille* [2], tousjours on tremble !

Premièrement, il m'a doné tant de résolution et de fermeté de cueur que non-
seulement je mesprise et desdaigne cette
inconstante et muable Fortune qui guette
et heurte volontiers les meilleurs et le
plus souvent et le plus rudement, furiant
sans discrétion, et tant plus à redouter
quand plus elle se présente à nostre gré,
mais encores je n'ay senty une seule
poincte de ses assaults. Je ne me suis ny
esmeu de son partement d'avec moy ny

II

IN HENRICUM MEMMIUM :

Olim Alcmena mirata est duos Amphitryones
  Ignorans cupidi callida furta Jovis.
Lesbia cum Musis Sappho comes adita, fertur
  Mnemosine natas enumerasse decem.
Te quoque, cum Phœbo junctum, Latona videret,
  Obstupuit, Phœbos visa videre duos.

(Ibid.)

[1] Soumises à autant de fluctuations que les eaux
de la mer.
[2] On court des périls.

empesché pour la rappeler, faisant estat
que, si j'ay perdu des moiens qui sembloient avoir de l'advantage et ornement
beaucoup, j'en ay acquis qui, à la vérité
ont plus d'honeur et plus d'allégement[1].
De sorte qu'ayant eû, dez le premier jour
de febvrier 1584, un catharre sur les
yeulx, sy malin qu'il m'osta bien tost la
veue de l'œil droict avec tant de poinctes
et de douleurs qu'elles eussent osté à
quelqu'autre non la patience seule mais
encore la vie, je me maintins néantmoins

---

[1] Passerat a célébré les vertus d'Henri de Mesmes dans les vers suivants :

> De Mesmes, je voudrois estre aussi bien disant
> Que ceux de qui le chef de lauriers s'environne :
> Méritant de porter une telle couronne.
> J'irois, de tes vertus. la gloire éternisant.
> Mais ma Muse est trop pauvre et n'a, pour le présent,
> Avec son bon vouloir, qui à toi s'abandonne,
> Qu'un bonjour en papier : prends ce qu'elle te donne
> Et ne t'ébahis pas d'un si maigre présent ;
> Car le dieu qui jadis enflammoit le courage
> D'Homère et de Virgile à faire un haut ouvrage
> Et ces beaux vers dorés qui resteront toujours,
> Ne se voyant repu que de vaines caresses
> D'eau benite de cour et de vuides promesses
> Est devenu, lui-mesme, un donneur de bonjours.

(*Almanach des Muses*, t. VIII, p. 36.)

en une constance sy obstinée qu'on n'a
jamais veu, en six moys de douleur, ny
une larme de moy ni ouy un seul gémis-
sement; non pour me bander si avant
que celuy qui disoit : « *Tu ne saurois
faire, maladie, que je confesse que tu sois
douleur,* » mais résolu par la grâce de
Dieu et par mes estudes et recognoissant
que ce ne seroit raison, à nous qui
sommes mortels, si nous ne pouvions
souffrir rien de mortel, soit en nos corps
ou en nos fortunes. Voilà le premier
point en quoy je reconnois que Dieu a
bény ma vie privée et repos caché : c'est
en ce qui touche mon âme et mon esprit
et toute l'habitude de ma personne.

Encore m'a-il voulu rendre contant en
ce qui est le plus près de moy, qui estes
vous, mon fils, à qui j'ay veu, en peu
d'années, advenir trois contentements de
prospérités mondaines les plus désirables,
selon les souhaits des homes. L'un vostre
réception au Parlement en l'office de
Conseiller en iceluy, qui fust dès le moys

d'aoust 1583, **avec** honeur, encores que
ce fut en aage qui vous eut peu excuser;
l'autre vostre heureux mariage, **au** mesme
jour de l'an révolu, avec une Damoyselle
d'honneur, de bon lieu **et de** force et
santé autant que l'eussions sceu désirer.
Le tiers [1], une belle lignée dont elle vous
a accreu et fortifié de deux beaux garsons,
en mars 86 et en juin 87 ; puys d'une
fille en octobre 88. Ausquels Dieu veuille
doner les grâces de ressembler à leurs
pères et mères (*sic*) et bisaïeuls.

Je ne veulx pas oublier qu'en fin de
l'année mesme 88, j'ay esté si heureux
que d'aprendre d'un de mes amys ce
qu'il avoit apris de plus haut et bien
certainement sur l'histoire que j'ay dict
naguière de la rupture du Roy avec moy,
de laquelle Dieu sçait que jamais je n'a-
vois peu aprendre les occasions ny de
luy ny d'autre. Et ce m'a esté singulier
contentement de le sçavoir, pour ce que

[1] Le troisième.

j'aprends tant mieulx par là que ç'a esté
sens ma faute et sens aucun suspeçon
contre moy de négligence ou d'infidélité :
aussy aurois-je plus cher d'estre mort un
an devant que d'estre tombé en telles fau-
tes ! C'est que la Reyne mère du Roy,
qu'il fault croire par là n'avoir pas bien
esté avec le Roy quand j'estois près de
luy, s'advisa, ou fut advisée de luy dire
que, se plaignant à moy, *je m'estois in-*
géré de luy promettre que je les remet-
trois bien ensemble, et l'avoit faict trouver
très-mauvais au Roy ; comme j'eusse esté
fort téméraire si j'eusse ainsi parlé ou dict
chose qui en approchast ! Que, sur cela, il
(le Roi) monta en hault [1] et s'en plaignit
aux Sieurs de Joyeuse et d'Espernon,
dont ce premier respondit « *que j'aurois*

---

[1] Catherine de Médicis, on le sait, habitait au
rez-de-chaussée du Louvre, les salles situées à
gauche de l'entrée du palais et comprises entre
les guichets et la salle des Cariatides qui servait
de salle des gardes aux Reines mères. Le quartier du Roi était au premier étage.

dict cela pour tenir le pied à plus d'un es-
trié et que desja, d'un autre côté, j'avois
voulu, à ses despens, acquérir la bone
grâce de la Reyne femme de Sa Majesté.
L'autre ne me deffendit pas, pour ce qu'il
faisoit gloire d'estre bien avec le Roy et
tendre droict là, sans regarder à costé ny
mère ny femme [1].

Me voilà hors du *Livre de vie* [2] et

---

[1] Sans chercher à faire sa cour à Catherine
de Médicis et à la Reine Louise.

[2] Cette expression singulière est empruntée à
un idiome spécial inventé par Catherine de Médicis pour tourner en ridicule la phraséologie
mystique des ministres de la religion réformée,
et qu'elle désignait sous le nom de *langage de
Canaan.* Pendant que cette princesse, ainsi que
nous l'apprend Brantôme, passoit son temps « à
besongner après ses ouvrages de soye, où elle
estoit tant parfaicte qu'il estoit possible », les
courtisans et les filles d'honneur s'efforçaient
d'enrichir cette langue mystique de nouvelles
locutions, que la Reine mère qualifioit, selon
d'Aubigné, de « *locutions consistoriales,* » comme
« *d'approuver le conseil de Gamaliel,* » dire:
« *les pieds sont beaux de ceux qui portent la paix,* »
appeler le Roy « *l'oinct du Seigneur,* » et « *l'ymage
du Dieu vivant,* » avec plusieurs sentences de

come, tost après, il dict à la Reyne, sa femme, qu'il me vouloit reculer d'auprès de luy, *il veit sortir de ses yeulx quelques larmes, pour ce qu'elle sentoit perdre un fidèle serviteur.* Et ses larmes semblèrent confirmer ce qui luy avoit esté répondu et affermirent tant plus la résolution de m'oster que, pour m'achever de peindre, *deux mauvais serviteurs* [1] envieux de ma fortune, se deffiants de la leur, me prestèrent et lors et souvent depuys, de bon-

l'epistre de sainct Pierre en faveur des Dominations, s'escrier souvent : « *Dieu soit juge entre vous et nous,* » et : « *J'atteste l'Éternel devant Dieu et les anges.* » « Tout ce stylle qu'ils apploient, entre les dames, le *langage de Canaan*, s'estudioit, au soir, au coucher de la Royne et non sans rire ; la bouffonne Atrie, (Mlle d'Atri,) présidant à cette leçon. » Dans son poëme des *Tragiques*, d'Aubigné fait encore allusion à ce jeu d'esprit :

« En vain vous déployez harangue sur harangue,
Si vous ne prononcez *de Canaan la langue*,
En vain vous commandez et restez esbahis
Que, désobéissant, vous n'estes obéis. »

(Voy. les *Tragiques*, par T. A. d'Aubigny. Edition Janet, L. II, *Princes*, p. 79.)

[1] Les ducs d'Epernon et de Joyeuse.

nes charités, pour rendre cette malveillance du tout irréconciliable.

Voilà ce que j'ay apris de si certain endroit que je n'en puys faire aucun doubte. *Et je le crois, comme si j'avois esté présent à tous leurs propos.*

Pour la vérité, je diray icy deux choses, dont je prie Dieu qu'il soyt, come il est, seul, de toutes nos actions, le tesmoing et le juge. L'une est que *je ne fus jamais si jeune et si mal apris de me vanter de sçavoir mieulx appointer une mère et un fils que le devoir de la charité de l'une et l'obéissance de l'autre;* mais, de m'en faire fort entre le Roy et la Reyne, encore que le secret ne fut trèsbon, la vanterie en seroit fort présomptueuse, et mesme envers elle, (Catherine) près de laquelle j'estois un jour quand un des serviteurs de feu Monsieur[1], ayant

---

[1] François de Valois, d'abord duc d'Alençon, puis d'Anjou et de Brabant, que Catherine de Médicis s'efforça si souvent de réconcilier avec Henri III.

parlé longuement à son oreille, se partit
d'elle et la laissa ; elle nous dit tout haut :
« *cet home est si sot qu'il se vante à
moy de nous mettre bien ensemble, moy et
mon fils !* »

Il me souvient aussi qu'il y a 16 ans
qu'elle (la Reine mère) revenant de la
Messe accompaignée de toute la Cour,
jetta Monsieur dans une chambre et nous
y fist entrer, le Maréchal de Biron et moy,
seuls, et garder la porte par une dame à
qui estoit la chambre. Soudain elle se
meit à tanser Monsieur et nous apelloit
tous deux à témoings et aides à son courroux. *Nous ouysmes, sans plus, mais nul
n'ouvrit la bouche pour parler ny bougea
ou l'œil ou la teste ou l'espaule pour doner
une seule signifiance de sa pensée ; ainsy
restasmes, come statues, indifférents et
immobiles et du tout neutres !*

Je n'estois ny changé depuis ny asoty
pour apporter moins de prudence et de
circonspection entre le Roy et elle et je
le croy, s'il luy plaist, s'il ne m'a pas

conseillé plus d'une fois de la voir plus
souvent lorsque je luy estois *intrinsèque*[1]
et moy : « *C'est assez, Sire, de la voir par
moys de deux ou trois jours l'un, s'il vous
plaist ;* » luy monstrant que je ne pensois
devoir, lors, faire autre cour qu'à luy.

Quant à Mr de Joyeuse, je croy bien
qu'il avoit assez qui m'aymoit plus loing
que près, mais je n'eusse sceu luy faire
ses conditions plus avantageuses au con-
tract de mariage avec la sœur de la
Reyne[2] : *le Roy les dicta et composa
toutes, et en avoit doné une promesse, de
sa main, à la Reyne sa femme avant qu'elle
consentit ;* et j'ay des lettres de son père,
M^r le Mareschal de Joyeuse, duquel j'ay

[1] Exclusivement attaché à sa personne.

[2] Henri III constitua à Marguerite de Vaudemont une dot de 400.000 livres et dépensa en
frais de réjouissances et de fêtes du mariage de
cette princesse avec le duc de Joyeuse, une
somme de 400.000 écus. La seule mise en scène
du ballet de Circé, coûta 300.000 livres, ainsi
que nous l'apprend d'Aubigné. (*Mémoires*, p. 30).
Joyeuse fut tué à la bataille de Coutras en 1586;
sa femme ne mourut que le 20 septembre 1625.

parlé cy-dessus, escrites de sa main, par lesquelles il me remercie de mes labeurs employez pour sa maison, m'en promet service, et se dict très-contant du traicté de mariage que je luy avois envoyé après qu'il fut passé et signé par tous.

Je n'en puys dire davantage, synon que Dieu nous y a préservés contre la rude et mauvaise Fortune. Elle nous a raval-lez[1], mais c'estoit elle qui nous avoit haussez ; encores ne nous a-elle pas jetez à val[2], ains a soutenu nostre cheute des malins qui nous renversoient. Elle nous a posez en terre sur les pieds, doucement, comme pour empescher que le coup de la cheute ne nous froissast. Je partiray[3] ce mauvais accident avec beaucoup de gens et, puys qu'il y en a tant qui y partagent avec moy, ma part du gasteau en sera tant plus petite ! Ce seroit à moy trop de répréhension de ne sçavoir les jeux de la

[1] Abaissés.
[2] Contre terre violemment.
[3] Partagerai.

variable Fortune et autant d'imprudence
à ne les cognoistre, que d'impudence à
ne les sçavoir suporter. Les fous en partent saouls ; les sages sont tousiours saouls
d'y vivre. Elle n'atend pas de remplir nos
apétits : elle assouvit quand il luy plaist
le sien.

FIN DES MÉMOIRES DE HENRI DE MESMES

PENSÉES INÉDITES

ÉCRITES PAR

HENRI DE MESMES

POVR HENRI III

PENSÉES INÉDITES

ÉCRITES PAR

HENRI DE MESMES

POVR HENRI III

N grand *faiseur de loix* estant, un jour, interrogé quelle cité luy sembloit la mieulx policée, respondit : « Celle où ceulx qui ne sont point outragez poursuivent aussy asprement la réparation de l'injure d'aultruy comme ceulx mesme qui l'ont receue. »

Puys que vous estes estably pour conserver vostre peuple, vous en conserverez plus ainsy qu'ainsy (*sic*), car, dez maintenant, vous asseurerez les enfans ou veufves des outrages et à l'advenir par l'exemple l'un et l'autre empeschant le crime.

En vostre Cour, on sçait qu'il n'est loisible user des armes ; le mesme au camp; le mesme ès villes de garde : nul n'y fault car il n'espère pardon.

La licence est la mère norrice du vice, qui le couve, le norrit et eslève et le mène à perfection.

Je ne veulx non plus vous retrancher vostre libéralité à doner [1] que vostre grâce à pardoner. Sy vous diray-je avec vérité que *vous ne donez rien qui soit moins vostre que quand vous donez le sang d'aultruy et l'exemple du public.*

Les restes de compte est une des choses que plus tard on vous conseille de doner, car cela convie à se rendre reliquateur ; *quand vous donez le sang des homes, cela convie à se rendre facile à le respandre.*

[1] Henri III, on le sait, fut surnommé *le Libéral.*

La corone de chesne estoit la marque
de celuy qui sauvoit la vie à un citoien,
car le chesne est la marque de la force et
sy le chesne est porteur de fruict qui a
soustenu la vie des premiers homes. *Que
mériterez-vous, sauvant infinis homes?*

Vous honorez vostre Conseil, Chancelier et Maistre des Requestes[1] de vous
assister pour monstrer que, sans Conseil,
vous ne les voulez doner : et, le reste de
l'anée, vous les donez sans Conseil.

Voions, que signifient ces mots : « *Vous
aurez la grâce ou vous ne l'aurez point ?* »
— « *Vous l'aurez* « signifie: » *Je fausseray
les loix pour vous !* » Il y fault donc infinies
raisons, circonstances, considérations, mé-
rites, services. Et, puysqu'il en fault tant
à faire une nouvelle loy, il en fault beaucoup plus à en deffaire une bien ancienne
et de Dieu éternel qui dit : *Tu ne tueras
point !* Or, voions, que signifie ce mot :

---

[1] C'est à lui-même que Henri de Mesmes fait
ici allusion.

« *Vous n'aurez point de grâce :* » c'est à dire : « *vous aurez justice,* » c'est à dire : « *la vraie fonction roiale, le vray et naturel et naïf office de Roy, je l'exerceray et pratiqueray en vous.* » Ainsy je dirois plus souvent et plus volontiers : « *L'on ne vous fera point de tort, on vous fera justice, vous serez traicté selon les loix publicques, universelles, establis pour touts mes subjects,* » que je ne dirois : « *je faulseray les loix universelles, les loix de Dieu éternel pour l'amour de vous.* » Ces loix ont dict : « pourveu qu'il ne surpasse point la modération et attrempance [1] de sa deffence. » Je veulx qu'il y ait pourveu, qu'il n'excede la modération de la conservation de son honeur et réputation mais non de son vouloir, de son apétit, de sa desmesurée et désordonée volonté.

En Espaigne, il ne se done grâce que les parans, héritiers ou la partie civile ne la demandent; pour le moins cela les re-

---

[1] Réserve.

tient. Je voudrois qu'en France, pour le moins, portassent attestation d'avoir chevy.

Je n'ay veu, de mes ans, quasi nul crime qui n'ayt esté pardoné, si difficile soit-il. Il faut donc tuer [1].

L'anée passée, tout fut refusé ; le Conseil y fut ; tout fut examiné et pesé ; le reste de l'anée a esté le grand vendredy.

Caton disoit qu'il aimoit mieulx estre privé de la récompense d'un bienfait que non puny d'un mesfait [2].

FIN

---

[1] Puisqu'on désespère d'obtenir justice, on se voit contraint de se la faire soi-même.

[2] *Bibliothèque Nationale*, Mss. Fonds Français, N° 729, p. 35 et 36.

INDEX ALPHABÉTIQUE

DES NOMS DE PERSONNES ET DE LIEUX CITÉS
DANS LE MANUSCRIT DES MÉMOIRES DE HENRI DE
MESMES

—

A

B

C

G

H

I

J

L

M

Henri de Mesmes, son pèlerinage à Saint-Jacques de Compostelle, 164 ; ordonne que l'enfant à naître de sa femme en son absence portera, outre le nom de son parrain, celui de *Jacques, ibid.* ; depuis lors tous les enfants mâles de la maison de Mesmes portent ce nom joint à celui de leur parrain sauf Henri de Mesmes, « *pour ce que,* dit-il, *mon parrain estoit Roy et que son nom ne se devoit accompaigner d'autre moindre* », *ibid.*

Mesmes (les dix fils du précédent, frères de Jean-Jacques II de) furent presque tous tués sur des champs de bataille, 130.

Mesmes (N... de), seigneur de Gude, l'un des précédents, frères de Jean-Jacques II de Mesmes, accompagne ses neveux à Toulouse, 139.

father of → Mesmes (Jean-Jacques II de), père de Henri de
Henri de Mesmes Mesmes, ses ancêtres, 128 ; ses parents, 164 ; étudie le Droit avec Décius et Alciat 131 ; envoyé par Catherine de Foix à Noyon pour soutenir les droits de la couronne de Navarre, 131 ; accompagne à Paris Henri d'Albret Roi de Navarre, *ibid,* ; professe le Droit civil, 130 ; refuse la charge d'Avocat du Roi que François Ier veut lui donner en destituant Ruzé qui en était titulaire, 174 ; sa réponse à Ruzé qui le remerciait de sa générosité, *ibid.* ; n'acheta jamais d'office, 172 ; est nommé Lieutenant civil au Châtelet, 133 ; épouse Nicole Hennequin, 131 ; place Henri de Mesmes au Collége de Bourgogne, 136 ; avantages et défauts qu'il reconnaît à l'éducation publique, *ibid.* ; fait trois fois l'office de Garde des

N

O

P

R

Ruzé, Avocat du Roi sous François Ier ; ce prince veut le destituer et donner sa charge à Jean-Jacques de Mesmes, p. 173 ; M. de Mesmes déclare au Roi qu'il ne peut dépouiller Ruzé de ses fonctions *sans crime* et que, pour lui, « *il aimeroit mieulx grater la terre aux dents que d'accepter l'office d'un homme vivant*», 174.

S

16

FIN DE L'INDEX

TABLE DES MATIÈRES

———

FIN DE LA TABLE

Imprimerie de DESTENAY, à Saint-Amand (Cher).

H. de Mesmes [1532? – 1596]

... away from Paris: June '57 to July '58   p. 160

... left Paris: Nov. '56 [Fremy]   p. 30

In Paris: Nov 1550 : p. 146

Returned from Univ. of Toulouse c. 1551   p 26

Married   1552   p. 147

"Mondoré"   p 52n [Fremy]

"Forcadel"   p. 52n   ——— //
[which one?]

Dorat   p. 52n   ———

CPSIA information can be obtained
at www.ICGtesting.com
Printed in the USA
BVOW07s2031140517
484114BV00005B/38/P

9 781295 618804